상상하는 인간,
진화하는 AI

상상하는 인간, 진화하는 AI

2025년 8월 20일 초판 발행
2025년 8월 20일 초판 1쇄

지은이 염재호·장대익·임태훈·장지연·고진
펴낸이 염재호
펴낸곳 태재대학교 출판문화원

주소 서울시 종로구 창덕궁5길 22-8
이메일 tjupress@taejae.ac.kr
출판등록 제 2024-000109호 (2024년 9월 24일)

ISBN 979-11-989707-7-0
책값은 뒤표지에 있습니다.

상상하는 인간,
진화하는 AI

염재호 | 장대익 | 임태훈 | 장지연 | 고진 지음

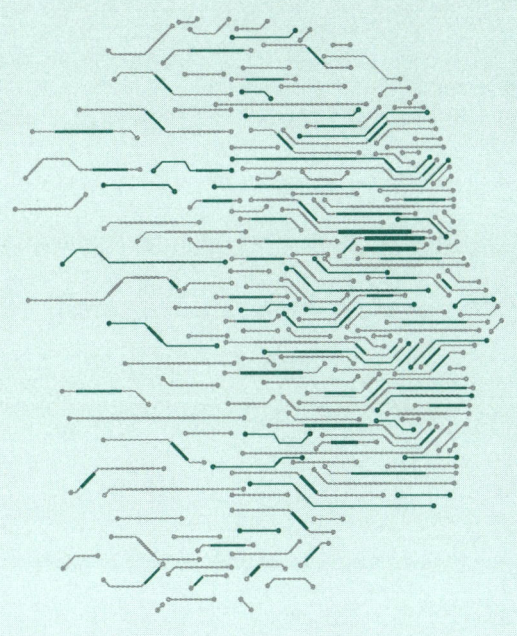

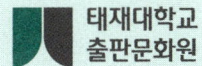

머리말

소설이나 영화에서 만나던 인공지능AI이 어느덧 우리 삶 속으로 깊숙이 들어왔습니다. 2016년, 우리는 이세돌이라는 친숙한 '우리'의 영웅이 알파고라는 '기계'에 패배하는 충격적인 모습을 보았습니다. 2022년, '우리'와 '기계'의 관계를 새로운 시각에서 바라보게 하는 상징적인 사건이 일어납니다. 챗GPT의 등장입니다. 알파고의 시대만 해도 '우리'에게 외부에서 가해진 충격이었던 것이 이제는 우리 삶의 일부분, 그것도 매우 중요한 일부분이 되기 시작한 것이지요.

이러한 시대적 흐름 속에서 AI가 인간과 사회에 미칠 광범위한 영향을 정확히 파악하고 이에 대비하는 것이 중요한 사회적 과제로 떠올랐습니다. 기술 발전에 따른 윤리적, 철학적, 경제적, 사회적 도전 과제를 학제 간 협력을 통해 심충적으로 탐구하는 것이 절실한 시점입니다. 이에 태재대학교 미래교육원은 〈미래를 향한 항해: AI의 사회적 활용에 대한 학제 간 도전과 기회〉라는 주제로 제1회 태재 학술 심포지엄을 개최했습니다. "항해"는 바다를 연상시키고, 바다는 '희망'과 '위험'을 동시에 연상시킵니다. 우리는 희망과 위험이 공존하는 미지의 미래를 향해 나아가고 있습니다. 심포지엄에서는 모두 다섯 분의 발표가 있었고, 이들이 다룬 주제들은 모두 '희망'과 '위험'이라는 이미지와 연결되는 것들이었습니다. 이날 발표 내용을 더 많은 이들과 공유하고자 다듬어 한곳에 모아 놓은 결과물이 이 책《상상하는 인간, 진화하는 AI》입니다.

염재호 태재대학교 총장의 기조연설은 기술 혁명의 역사적 흐름을 통해 AI 시대가 문명에 가져올 근본적인 변화를 깊이 있게 고찰하며, 이번 학술 심포지엄이 천착한 문제의식을 명확하게 제시하였습니다. 증기기관의 등장, 컴퓨터와 인쇄술의 혁신이 인간 사회 구조와 가치관에 미친 영향을 돌아보며, AI의 발전이 단순한 기술혁신을 넘어 인간 존재와 삶의 방식을 근본적으로 재구성할 가능성을 전망했습니다. 특히 권력 구조의 변화, 가족 개념의 재편, 직업 형태의 변화, 심지어 삶과 죽음의 경계마저도 모호해질 수 있는 미래를 제시하며 AI의 다차원적 영향을 통찰력 있게 짚어냈습니다. 염재호 총장의 연설은 AI 시대의 도래가 가져올 도전과 기회를 균형 있게 바라보면서, 사회가 준비해야 할 철학적, 윤리적, 제도적 과제를 분명하게 드러냈습니다.

장대익 가천대학교 석좌교수는 인간 중심 사고의 한계를 벗어나 '기계 고유성machine uniqueness'이라는 새로운 패러다임을 제안했습니다. AI가 인간을 모방하는 것이 아니라 독자적인 존재로 진화하고 있음을 강조하며, 인간의 입장이 아니라 기계의 입장에서 기계가 지닐 수 있는 사회성, 도덕성, 자율성이라는 철학적 주제(물론 이것은 실천적인 주제이기도 합니다)를 심도 있게 다룹니다. 그는 AI가 가진 사회적 상호작용 능력과 도덕적 판단력이 인간의 감정적 유대와 윤리적 기준에 어떤 영향을 미칠지 성찰하며, 인간과 기계가 상호 보완적인 파트너로서 협력하고 공존하는 길을 모색할 때 인간의 존재론적 겸손과 개방성이 더욱 절실하다고 제언합니다.

임태훈 성균관대학교 교수는 기술결정론적 세계관을 비

판하며 AI 시대의 소외와 착취 구조를 극복하기 위한 혁명적 서사의 필요성을 역설했습니다. 산업자본주의 속에서 존재하는 부르주아지 - 프롤레타리아의 관계가 AI 시대에도 비록 다른 형태이기는 하지만 여전히 본질적으로 존재함을 역설하고, 프롤레타리아가 그런 사회적 관계를 자각하고 반응할 것을 주장합니다. 현실에서 숨 가쁘게 진행되는 기술적 변화 속에서 "서사"(이야기)가 지니는 힘/영향에 대한 강조가 인상적입니다. 그는 '혁명적 셰에라자드'의 비유를 통해 이야기의 힘이 기술 중심의 사회를 다시 인간 중심으로 전환할 가능성을 탐구하며, 기술과 인간의 관계를 재구성할 창의적 연대와 공동의 주체성 형성을 촉구했습니다.

장지연 한국노동연구원 선임연구위원은 AI가 노동시장에 미칠 영향을 구체적으로 분석했습니다. 18세기 산업혁명 과정에서 기계의 사용이 노동의 고용에 끼칠 영향은 커다란 실천적 문제인 동시에 격렬한 이론적 논의의 대상이었습니다(고전학파 경제학의 대표 경제학자인 데이비드 리카도는 자신의 저작 《정치경제학 원리》 3판에서 바로 이 문제를 다루는 장을 새로이 삽입하기도 하였습니다). AI의 도입은 노동 고용에 200여 년 전에 발생했던 것보다 더 심각한 문제를 야기할 수 있습니다. 이 글에서는 노동의 양극화와 불평등 확대를 실증적으로 제시하며, 노동시장 변화에 따라 등장할 취약 계층을 보호하기 위한 구체적 정책과 사회적 대응책을 마련할 필요성을 강조합니다. 이를 통해 노동의 질을 유지하고 AI 시대의 고용 불확실성을 완화할 수 있는 정책적 논의의 필요성을 제안했습니다.

고진 디지털플랫폼정부위원회 초대 위원장은 공공서비스 혁신을 위해 AI와 디지털 플랫폼을 적극적으로 활용할 것을 제안했습니다. 디지털 대전환 시대에 맞춰 정부의 운영 패러다임을 전면 전환할 필요성을 강조하면서, 모든 데이터가 융합되는 디지털 플랫폼 위에서 국민, 기업, 정부가 함께 사회문제를 해결하고 새로운 가치를 창조해야 할 필요성과 그에 맞춘 AI 도입 전략을 소개합니다. 그는 AI를 활용한 공공서비스 혁신의 가능성을 명확히 드러냄으로써 실제 정책과 실천의 영역에서 깊이 고민하고 추진해야 할 중요한 과제에 대한 관심을 우리 모두에게 주문하고 있습니다.

이번 심포지엄에서 각 강연은 독립적이면서도 서로 긴밀히 연결되어, AI라는 기술이 개별적인 영역에서 논의될 문제가 아니라 사회 전체를 아우르는 복합적이고 다차원적인 문제임을 분명히 드러냈습니다. 이후의 논의에서는 AI와 생명과학의 결합이 초래할 윤리적 문제, 교육 현장에서의 AI 도입이 인간의 학습과 창의성에 미칠 영향, AI 시대에 요구되는 인간 역량의 재정의와 이를 위한 교육 혁신 방안 등 더욱 깊이 있는 주제들이 심층적으로 다뤄질 수 있을 것입니다.

제1회 태재 학술 심포지엄의 성과를 담은 이 책 《상상하는 인간, 진화하는 AI》가 독자 여러분에게 인문사회적 관점에서 기술 발전을 바라보는 통찰을 제공하고, 변화에 대응하는 지혜를 전하는 의미 있는 계기가 되기를 바랍니다. 태재대학교는 앞으로도 인간과 기술이 만나는 지점에서 끊임없이 성찰하고 연구하며, AI 시대의 새로운 지식과 담론을 선도하겠습니다.

2025년 8월 1일
태재대학교 미래교육원 원장
박 만 섭

차례

머리말 _박만섭   4

1장 인공지능, 포스트휴머니즘과 사회
윤리적 지평과 기술적 프런티어 _염재호   13

- 문명의 전환점과 기술 혁명   15
- 인공지능, 또 다른 혁명의 시작   16
- 미래 교육과 세대 간 인식 변화   17
- 권력 재편과 사회구조의 변화   18
- 교유와 생활방식의 변화   18
- 기술적 환경에 따른 일의 변화   19
- 새로운 기술과 사회적 혁신의 역사   22
- 특이점과 인류의 진화   25
- 연장된 삶의 방식 변화   27
- AI가 주도하는 새로운 사회   28
- 인공지능과 공존을 위한 새로운 지식   30
- '긱 이코노미'와 개인 창작자 시대   31
- 스마트팜, 스마트시티   33
- 노동과 놀이의 경계가 허물어진 시대   34
- 죽음과 삶의 경계를 다시 묻는 시대   35
- 인문학의 근본적인 질문을 되새기며   37

2장 기계다움에 대한 탐구
AI의 사회성, 도덕성, 행위성 진화 측면에서 _장대익　　39

- 로봇이 일상에 들어온다는 것　　42
- AI의 도전, 인간 독특성의 재평가　　48
- '기계 고유성' 패러다임: 새로운 관점의 모색　　52
- 기계의 사회성　　54
- 기계의 도덕성　　57
- 기계의 자율성　　61
- 기계다움(machine-ness)의 길　　64

3장 AI 시대는 '셰에라자드'의 귀환을 바라는가? _임태훈　　71

- 미래 없는 현재, 기억 없는 마음　　73
- 다두 술탄의 지배　　77
- 혁명적 셰에라자드　　84
- 불안 너머의 접속점들　　89
- 미래 기억의 공동 저자 되기　　98

4장 AI 시대의 고용 불확실성
직업별 인공지능 노출도와 기업의 기술 도입이 노동시장에 미치는 영향 _장지연   107

- 오래된 질문: 기술 발전은 고용에 어떤 영향을 미치는가?   109
- 기술 발전과 불평등: 두 가지 핵심 이론   112
- 이번에는 다를까? AI 시대의 새로운 도전   114
- AI 노출도: 내 일자리는 안전한가?   117
- 산업 AI: 기업의 AI 도입률과 고용 영향   126
- 우리는 무엇을 준비해야 하는가?   130
- 질의응답으로부터 얻는 추가적 통찰   136

5장 AI와 공공서비스 _고진   143

- 간략한 AI 발전사   145
- 기업의 AI 도입   148
- 디지털플랫폼정부의 역할   151
- 디지털플랫폼정부위원회의 공공 부문 AI 도입 전략   154
- 공공 부문의 AI 활용 가이드라인   158
- AI 기반 공공서비스 혁신의 세계적 추이   161
- 민관협력의 필요성   166

1장

인공지능, 포스트휴머니즘과 사회

윤리적 지평과 기술적 프런티어

염재호

염재호

태재대학교 총장. 미국 스탠퍼드대학교에서 정치학으로 박사학위를 취득했다. 제19대 고려대학교 총장, 외교부 정책자문위원회 위원장, 대통령 직속 과학기술정책위원회 위원 등을 역임했으며, 현재 국가인공지능위원회 부위원장으로 활동하고 있다. 2013년 홍조근정훈장과 2019년 청조근정훈장을 수여받았다. 저서로《개척하는 지성》,《우리가 꿈꾸는 대학, 태재》 등이 있다.

문명의 전환점과 기술 혁명

　인류 문명은 약 100년마다 혁명적인 기술의 등장을 경험해왔습니다. 과거에는 수십 명의 노동자가 하루 종일 삽으로 일해야 했던 작업이 이제는 포클레인으로 한 번이면 끝나듯이, 새로운 기술의 등장은 모든 산업과 사회 분야의 근본적인 변화를 이루었습니다. 약 250여 년 전 등장한 증기기관이 대표적인 예입니다. 20세기 초, 교통수단의 혁명과 함께 대량생산 시대가 열렸습니다. 자동차의 대량생산은 일반 대중들도 자동차를 소유할 수 있는 시대를 열었습니다. 20세기의 대량생산 경제 시스템은 대량소비를 초래해서 경제적 풍요를 가능하게 했지만 환경오염, 쓰레기 문제, 그리고 지속가능성 문제를 불러왔습니다.

　이어 등장한 컴퓨터는 세상을 더욱 빠르게 변화시켰습니

다. 한국에서는 1970년대부터 컴퓨터가 도입되기 시작했습니다. 저는 미국 유학 시절 빠르게 발전하는 컴퓨터 산업정책 연구에 깊은 관심을 가지게 되었습니다. 특히 일본의 산업정책을 연구하며 1985년 일본 히토츠바시대학—橋大學에서 C&C Computer & Communication의 개념을 처음 접했습니다. C&C는 오늘날 컴퓨터와 전화기가 통합된 무선통신의 발달로 이어졌고, 결국 인터넷과 월드와이드웹을 통해 정보가 실시간으로 전 세계로 전파되는 시대를 열었습니다.

인공지능, 또 다른 혁명의 시작

21세기 들어 우리는 아날로그 시대에서 디지털 시대로의 대전환을 경험하고 있습니다. 인공지능 AI: Artificial Intelligence 개념이 1956년 처음 등장한 이래 AI 연구 초기에는 수많은 시행착오와 연구의 위축기를 겪었지만, 유일하게 캐나다 정부가 AI 연구를 지원하면서 토론토대학의 제프리 힌턴, 요슈아 벤지오와 같은 학자들의 연구가 계속될 수 있었습니다.

한국에서는 2016년 알파고가 이세돌 9단과의 바둑 대국에서 승리하면서 인공지능 시대의 본격적인 도래를 알렸고,

2022년 챗GPT의 등장은 인공지능의 폭발적인 발전을 상징적으로 보여줬습니다. 이제 우리는 본격적인 4차 산업혁명 시대를 맞이했습니다. 컴퓨터, 디지털화에 이어 인공지능과 빅데이터, 로봇이 우리 삶을 완전히 바꿔놓고 있습니다.

미래 교육과 세대 간 인식 변화

제가 고려대학교에서 20년간 가르친 '미래 사회와 조직'이라는 교양과목에서 강조한 점은, 오늘의 학생들은 앞으로 20~30년 후의 사회에서 활동할 것이므로, 부모 세대의 경험과 판단에 따라 미래를 준비하는 것은 잘못된 목표 설정이라는 것입니다. 현재 유치원생 때부터 의대 진학을 준비하는 현상이 바로 이런 오류의 대표적인 사례입니다.

대학 교육은 근본적으로 변화할 가능성이 큽니다. 피터 드러커를 비롯한 많은 석학들은 미래에는 대학 캠퍼스의 중요성이 줄어들거나 사라질 것이라고 예측합니다. 이미 온라인을 통한 학습 환경이 보편화되었고, 비싼 등록금을 내고 특정 대학을 나오는 것이 꼭 성공의 필수 조건이 아니라는 인식이 퍼지고 있습니다.

권력 재편과 사회구조의 변화

오늘날 권력의 중심 또한 극적으로 이동하고 있습니다. 과거에는 국가 지도자나 거대 기업과 같은 강력한 조직들이 정보를 독점하며 권력을 행사했습니다. 하지만 지금은 인터넷과 미디어가 발달하며 누구나 쉽게 정보를 얻고 공유할 수 있게 되었습니다. 이런 환경에서 오히려 개인이 운영하는 미시 미디어 권력이 과도하게 커져, 가짜뉴스(페이크뉴스)를 만들어내면서까지 영향력을 행사하는 상황이 되었습니다. 심지어 많은 사람들이 유튜브에서 얻은 정보를 바탕으로 중요한 결정을 내릴 만큼 시대가 급격히 변했습니다. 교수들조차도 강의 중 학생들이 스마트폰을 통해 확인한 객관적 사실의 오류를 지적받고 이를 인정하는 사례가 흔해졌습니다. 모이제스 나임 Moises Naim 은 이러한 현상을 미시권력에 의한 기존 "권력의 종말 The End of Power"이라고 표현했습니다.

교유와 생활방식의 변화

전통적인 가족 개념 또한 크게 변하고 있습니다. 과거 혈

연 중심이었던 가족 개념이 이제는 반려동물을 포함한 다양한 형태로 확대되었습니다. 애완견愛玩犬이라는 표현이 반려견伴侶犬으로 바뀐 것에서 알 수 있듯, 동물이 인간의 삶에서 중요한 동반자로 자리매김했습니다. 심지어 온라인 쇼핑몰에서는 유모차보다 '개모차'가 더 많이 팔린다고 합니다.

하지만 이러한 변화마저도 앞으로 더 큰 변화의 물결에 밀려날 가능성이 있습니다. 영화 〈그녀 Her〉에서처럼 AI와의 상호작용이 훨씬 더 편하고 친밀하게 다가오며, 피지컬 AI가 등장해 인간의 생활을 더욱 편리하게 만들어줄 것이기 때문입니다. 반려견 때문에 여행조차 가지 못하는 문제들도 가까운 미래에는 쉽게 해결될 것입니다.

기술적 환경에 따른 일의 변화

기술 발전은 과거의 직업을 사라지게 했지만, 동시에 새로운 직업을 창출하기도 했습니다.

20세기 초에 뉴욕 5번가에서 열린 부활절 퍼레이드 Easter parade는 마차로 가득했지만, 불과 13년 후 모든 마차가 포드 자동차로 바뀌었습니다. 이 과정에서 사람들은 마부들의 실

뉴욕 5번가에서 열린 부활절 퍼레이드. 1900년(왼쪽)의 퍼레이드는 마차로 가득했지만, 불과 13년 후(오른쪽) 모든 마차는 포드 자동차로 바뀌었다.

직 문제를 우려했지만, 실제로는 자동차 산업의 폭발적 성장으로 인해 운전기사라는 새로운 일자리가 수백 배로 늘어났습니다.

이처럼 기술 발전은 일자리를 없애기도 하지만 동시에 새로운 직업을 창출합니다. 과거 타이피스트가 사라졌듯이, 앞으로는 프로그래밍이나 법률, 부동산 중개 등 다양한 분야의 직업들이 AI로 대체될 전망입니다. 이미 서울사이버대학교의 한 교수는 챗GPT와 같은 AI 도구 없이 프로그래밍하는 것은 비효율적이라고 강조합니다. 앞으로는 아이디

AI 시대 직업의 변화

AI에 크게 영향받게 될 분야

- 소프트웨어 개발
- IT 오퍼레이션 및 업무지원
- 수학
- 정보 디자인 및 문서화
- 법률
- 회계

어만 있으면 코딩은 AI가 단 몇 분 만에 완료해줄 것입니다.

부동산 중개 같은 분야도 그렇습니다. 이미 기술적으로는 온라인에서 간단한 조건만으로 부동산 거래를 할 수 있지만, 기존의 중개업자 집단이 이 변화를 막고 있습니다. 이는 마치 19세기 근대화를 막았던 유생들의 모습과 같습니다. 법률 분야도 AI가 판례를 학습하고 더 효율적인 법률 서비스를 제공할 수 있지만, 변호사 단체와 같은 기존 이익집단의 저항 때문에 도입이 늦어지고 있습니다.

새로운 기술과 사회적 혁신의 역사

역사학자들이 인류 역사상 가장 위대한 발명품으로 꼽는 것은 바로 인쇄술입니다. 인쇄술은 단순히 기술적 혁신을 넘어 종교와 사회구조에까지 엄청난 변화를 가져왔습니다.

313년 밀라노 칙령으로 기독교가 공식적으로 받아들여진 후 약 1,100년 동안 중세 암흑시대가 지속되었습니다. 이 시기, 필사를 통해 만들어진 소수의 성경은 교황청이 독점하여, 사람들은 오로지 종교 지도자들의 말을 통해서만 성경을 접할 수 있었습니다. 또한 당시 이탈리아에서 라틴어를 읽을 수 있는 사람은 남성이 10%, 여성이 2%에 불과했습니다. 이런 이유로 성당에는 문맹자들이 성경을 쉽게 이해하도록 하기 위해 그림으로 성경 내용을 그린 스테인드글라스가 널리 사용되었습니다.

1440년경 구텐베르크의 인쇄술 발명은 세상을 바꾸었습니다. 마르틴 루터가 교황청의 타락과 부패를 비판하며 '95

1440년경 최초의 활판인쇄물을 검토 중인 구텐베르크(상상화).

개 조항'을 발표했을 때, 이는 금속활자로 인쇄되어 불과 6개월 만에 유럽 전역에 30만 장이나 배포되었습니다. 또한 인쇄술 덕분에 사람들은 성경의 본래 내용을 직접 확인할 수 있었고, 이를 통해 인간의 가치가 재발견되었습니다. 예를 들어, 성경에서 예수님은 "사람을 위해 안식일이 있는 것이지, 안식일을 위해 사람이 있는 것이 아니다"라고 강조하며 인간 중심의 사고를 전했습니다.

마르틴 루터는 생명의 위협을 피해 귀족의 성으로 피신하여 성경을 라틴어에서 독일어로 번역했습니다. 이것은 성직자 독점에서 벗어나 일반 대중도 성경을 읽을 수 있는 계기가 되었습니다. 르네상스가 시작된 것도 바로 이러한 인간 중심의 사상이 확산되면서부터였습니다. 레오나르도 다빈치의 인체 해부와 과학적 탐구, 코페르니쿠스의 지동설, 프랜시스 베이컨의 "아는 것이 힘이다"라는 명언 등이 등장하며 과학과 교육이 발달하기 시작했습니다.

이러한 변화로 개인의 인권이 강조되면서 왕권에 대한 도전과 혁명으로 이어졌습니다. 미국에서는 250년 전 세계 최초로 대통령제를 창조하였습니다. 왕이 아닌 선출 권력인 대통령을 중심으로 입법, 행정, 사법으로 권력을 나누는 새로운 정치체제가 구축되었고, 이를 통해 산업화와 민주화로의 전환이 이루어지게 된 것입니다.

이제 우리는 인공지능AI의 등장으로 또 한 번의 혁명적 변화를 눈앞에 두고 있습니다. AI 시대에는 인간의 자율성이 확대되고, 국가와 사회구조도 지금과는 전혀 다른 모습으로 변화할 것입니다. 우리 인류가 끊임없이 진화해온 것처럼, 앞으로도 우리의 지성과 사회구조는 더욱 자유롭고 창의적인 형태로 발전할 가능성이 큽니다.

역사를 보면 기술혁신은 언제나 불가역적으로 진행되었

습니다. 그러나 우리는 아직도 과거의 틀에 갇혀 현재의 시스템과 법칙을 유지하려 합니다. 급격히 변화하는 사회와 경제적 환경에 맞추어, 우리의 인식과 제도, 법적 체계를 근본적으로 다시 설계하고 고민해야 할 때가 왔습니다. 지금은 20세기의 틀을 벗어나 새로운 시대에 맞게 사회적 제도와 법적 환경을 재설계해야 할 때입니다. 이러한 맥락에서, 이 시대 우리의 중요한 과제는 미래를 향한 올바른 방향 설정과 시대착오적인 규범과 제도에 대한 용기 있는 재검토일 것입니다.

특이점과 인류의 진화

1950년대부터 컴퓨터가 인류의 이성과 지적인 영역에 점점 깊숙이 들어오기 시작했습니다. 만약 이러한 기술적 진보가 인간의 삶에 절반 이상 영향을 미치게 된다면, 우리는 이전에는 상상조차 할 수 없었던 슈퍼휴먼의 시대에 접어들 것이라고 전문가들은 이야기합니다.

현재 구글 이사로 있는 레이 커즈와일은 2005년《특이점이 온다 The Singularity Is Near》라는 책을 펴내며 인공지능이 인간의 지능을 뛰어넘기 시작하는 시점을 '특이점'이라고 명명했습니다. 그리고 특이점이 도래하는 시기를 대략 2045년으로 예측했습니다. 커즈와일의 예언에 따르면, 인공지능이 인간의 삶에 본격적으로 자리 잡는다면 우리가 알고 있는 인간의 모습은 근본적으로 변화하여 새로운 존재, 즉 슈퍼 포스트휴먼이 될 것입니다.

유명한 역사가 유발 하라리 역시 그의 저서 《호모 데우스》의 마지막 장에서 비슷한 예측을 했습니다. 그는 디지털 시대에 새롭게 등장할 디지털 종교를 언급하며, 미래 인류가 '사피엔스'가 아닌 '호모 데우스', 즉 신과 같은 존재가 될 수 있다고 말했습니다.

2025년, 레이 커즈와일은 20년 만에 다시 《마침내 특이점이 시작된다 The Singularity Is Nearer》라는 새로운 책을 펴냈습니다. 그가 이 책을 쓴 이유는 최근 인공지능 기술, 특히 2022년 챗GPT의 등장과 챗GPT 4.0으로의 빠른 발전을 지켜보면서 변화의 속도가 기존 예상보다 훨씬 빨라졌다고 판단했기 때문입니다. 커즈와일에 따르면, 2029년쯤이면 인공지능이 인간의 지능을 뛰어넘기 시작할 것입니다. 그리고 특이점 이후의 인류는 새로운 형태의 존재로 진화해, 네안데르

탈인과 현생인류의 차이보다 현재 인류와 특이점 이후 인류의 차이가 훨씬 커 보일 것입니다. 미국 미디어에서는 레이 커즈와일을 지난 30년 동안 가장 정확한 미래 예측을 해온 사람 중 한 명으로 평가하고 있습니다.

연장된 삶의 방식 변화

과거에는 평균수명이 지금보다 훨씬 짧아, 한 세대를 약 30년으로 볼 때, 두 세대 정도를 사는 것이 일반적이었습니다. 우리나라의 경우 1960년대 평균수명이 53세였습니다(고려시대 왕의 평균수명은 43세, 조선시대 왕들은 46세에 불과했습니다). 하지만 오늘날에는 여성 평균수명이 87세, 남성 평균수명이 80세로 크게 늘어났습니다.

이렇게 30년 가까이 늘어난 수명을 어떻게 살아갈 것인지, 많은 사람들이 명확한 답을 찾지 못하고 있습니다. 여전히 이전 세대와 마찬가지로 별다른 준비 없이 살아가고 있습니다. 사실 이 연장된 삶을 의미 있게 보내기 위해서는 50대에도 지속적으로 배우고 공부해야 하는데, 아직 많은 이들이 그래야 할 필요성을 느끼지 못하고 있는 것이 현실입

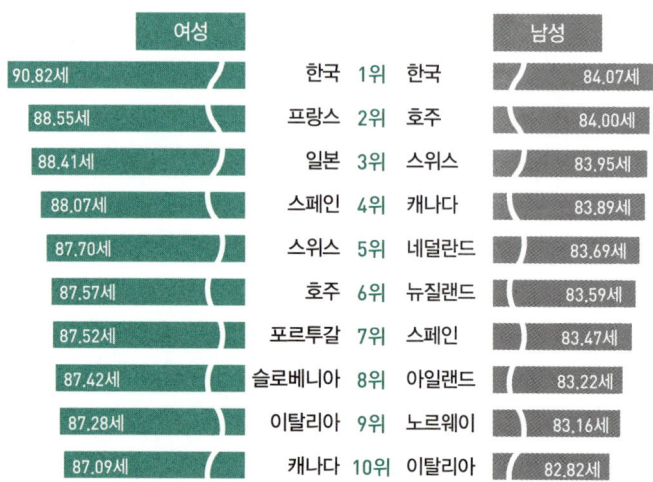

자료: 영국 임페리얼칼리지 런던, 세계보건기구(WHO).

니다. 이 변화에 적극적으로 대응하고, 연장된 삶을 어떻게 의미 있고 창의적으로 활용할 수 있을지 고민해야 하는 시점입니다.

AI가 주도하는 새로운 사회

2024년 노벨 물리학상과 화학상을 받은 연구들에 AI의 기여는 결정적이었으며, 그 대표적인 예로 알파고AlphaGo를 만든 데미스 허사비스가 있습니다. 영국의 수학 천재 허사비스가 개발한 알파고는 바둑 고수들의 기보를 학습하여 이세돌을 이겼지만, 그 후 등장한 알파제로AlphaZero는 바둑의 규칙을 자체적으로 학습하여 알파고를 압도했습니다.

허사비스가 개발한 또 다른 혁신적인 AI 기술은 알파폴드AlphaFold입니다. 알파폴드는 지금까지 인간이 발견한 약 19만 개의 단백질 구조를 넘어, 전 세계에 존재하는 약 2억 개의 단백질 구조를 순식간에 예측해냈습니다. 이는 신약 개발과 생명공학 분야에서의 획기적인 발전을 예고하는 것입니다. 앞으로는 실험실의 모습도 근본적으로 변화할 것입니다. 서울대학교 컴퓨터사이언스 분야의 한 교수가 말하기를, 이미 학생들은 교수에게 질문하기보다는 AI와 더 많은 대화를 나눈다고 할 정도입니다.

이러한 변화는 교육, 법률, 의료 등 모든 영역에 큰 변화를 가져올 것입니다. 앞으로 젊은 세대는 약 120세까지 살면서 여러 개의 인생을 살아가게 될 것입니다. 이들에게는 장기적인 인생 계획이 필요하며, 현재의 공교육 역시 이러한 변화를 따라잡아야 합니다.

인공지능과 공존을 위한 새로운 지식

디지털 교과서가 도입되면서 지식의 전달 방법은 크게 바뀌게 될 것입니다. 지덕체 전인교육을 담당하던 공교육이 지식만을 강조하는 교육현장에서 기업화된 효율성으로 지식교육을 수행하는 사교육 시장에 밀려 위기를 맞고 있습니다. 하지만 앞으로 10년 이내에 사교육 시장 자체도 완전히 달라질 가능성이 큽니다. 이미 많은 분야에서 온라인 영상 강의가 일반화되고 있으며, AI가 내재된 디지털 교과서의 보급은 개별 맞춤형의, 더 효율적인 지식 전달을 가능케 할 것이기 때문입니다. 따라서 최근 사교육 시장 또한 단순 지식 전달에서 개인 맞춤형 진학지도 컨설팅 형태로 변화하고 있습니다.

앞으로 21세기 지식의 핵심은 단순한 형식적 지식 explicit knowledge이 아닌 암묵적 지식 tacit knowledge이 될 것입니다. 아인슈타인이 자신을 과학자가 아닌 예술가라고 표현한 것도 바로 이 때문입니다. 그는 지식은 제한적이지만 상상력은 무한하다고 강조했습니다. AI 시대에는 형식적 지식은 AI가 충분히 제공할 수 있으므로, 인간 고유의 창의력과 상상력을 통해서만 발현되는 암묵적 지식이 더욱 중요하게 여겨질 것입니다.

2025년 번역된《듀얼 브레인 Co-Intelligence: Living and Working with AI》이라는 책에서 펜실베이니아대학 워튼 스쿨의 이선 몰릭 Ethan Mollick 교수는 인간과 기계가 상호작용하며 함께 발전하는 미래를 그렸습니다. 일론 머스크의 뉴럴링크와 같은 기술이 발전하면서, 시각 장애인의 시력 회복 등 인간의 삶을 획기적으로 개선하는 기술들이 등장하고 있습니다. 또한 AI 기술을 통해 뇌의 특성을 미리 분석하여 치매와 같은 뇌 질환을 조기에 발견하는 연구도 활발히 진행 중입니다.

이 모든 기술적 혁신은 우리의 지성을 놀랍게 발전시키며, 인류의 삶을 이전과는 비교할 수 없을 만큼 풍요롭게 만들 것입니다. 앞으로 우리는 형식적 지식과 암묵적 지식을 효과적으로 융합하여 새로운 시대를 열어가야 합니다.

'긱 이코노미'와 개인 창작자 시대

대학 졸업자 취업률은 아직도 교육부에서 중요한 지표로 여겨지고 있지만, '취업'이라는 개념 자체는 대량생산 체제

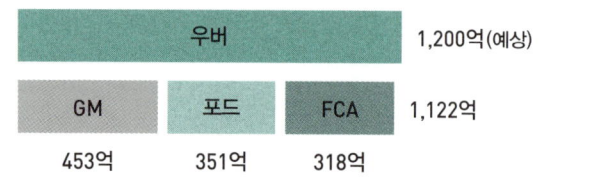

자료: 〈월스트리트저널〉.

가 도입된 이후에야 본격적으로 등장했습니다. 1만 년에 달하는 인류의 역사를 생각할 때, 회사에서 월급을 받고 일하는 생활방식은 100여 년 정도 전에 시작된, 극히 최근의 것입니다.

20세기 최고의 기업으로 꼽히던 GM, 포드, 크라이슬러 등은 많은 직원을 직접 고용하고 제품을 생산했지만, 최근 우버 같은 기업은 단 한 대의 자동차도 소유하지 않고, 운전기사 한 명도 고용하지 않고도 인터넷 네트워크를 통해 집에서 쉬고 있는 운전자들을 연결해주면서 수익을 창출합니다. 이제 주식시장에서 우버의 기업가치는 삼성전자보다 크고, 20세기 최고의 기업이었던 GM, 포드, 크라이슬러 세 회사를 합한 것보다 큽니다.

이처럼 전통적 고용 형태가 아닌 '긱 이코노미Gig Economy' 시대가 본격화되면서, 웹툰 작가나 유튜버 같은 개인 창작자들이 자유롭게 수익을 올릴 수 있는 환경이 형성되었습니다. 과거에는 방송국에 취업해야 방송활동을 할 수 있었지만, 이제는 혼자서도 충분히 방송활동을 하는 것이 가능합니다. 앞으로 SOHO Small Office Home Office 형태가 더 보편화되며 개인이 창의적으로 일할 수 있는 시대가 더욱 확대될 것입니다.

스마트팜, 스마트시티

농업 분야에서도 혁명적인 변화가 나타나고 있습니다. 독일에서는 레이저 기술로 잡초를 자동으로 제거하고, 컴퓨터가 과일의 당도와 숙성도를 정확히 측정해 수확하는 기술을 개발했습니다. 로봇은 사람보다 정교하게 작업을 처리하여 생산성을 극대화할 수 있습니다. 이러한 스마트팜이 도시 안에 구축되면 식량 문제도 효과적으로 해결할 수 있게 될 것입니다.

20세기의 상징이었던 뉴욕 엠파이어 스테이트 빌딩은

1931년에 단 1년 45일 만에 지어졌습니다. 부품을 잘게 나누어 제작한 다음 현장에서 조립하는 대량생산 방식의 대표적 사례로 만들어진 건물인데, 대도시에 대형 건물들이 모여서 형성된 규모의 경제가 이러한 효율적인 생산을 가능하게 만들었습니다.

하지만 이제는 토요타가 후지산 근처에 구축한 '우븐 시티Woven City'처럼 효율적이고 스마트한 소규모 도시들이 더 바람직한 주거와 일의 공간으로 바뀌면서 미래도시의 새로운 기준이 되고 있습니다. 미래에는 스마트도시에서 모든 것이 원격으로 이루어지기 때문에 굳이 대도시에서 교통체증에 시달리고 비싼 아파트에 주거가 집중될 필요가 없을 것입니다. 모듈 주택과 같은 조립식 주거 형태로 주택 건설의 효율성도 크게 높아질 것입니다.

노동과 놀이의 경계가 허물어진 시대

인류는 오랜 기간 살아가기 위해서 노동 중심으로 생활해 왔지만, 앞으로는 AI와 로봇 기술이 발전하면서 노동시간도 크게 줄어들 것입니다. 유럽은 이미 주 30시간 근무제를 도입하고 있으며, 우리나라 역시 4일 근무제 도입을 논의 중입니다. AI와 로봇이 생산성을 높여 생활의 기본적인 필요를 충족시킨다면 기본소득 제도의 도입도 현실화될 가능성이 큽니다.

네덜란드 철학자 요한 하위징아Johan Huizinga의 말처럼 이제 '놀이하는 인간Homo Ludens'은 일과 놀이의 경계를 허물고, 자신이 즐거워하는 일에 더 많은 시간을 투자할 것입니다. 과거의 만화 작가가 생계를 걱정했다면, 오늘날 웹툰 작가는 경제적으로도 큰 성공을 거둡니다. 자신이 좋아하는 일을 하는 스포츠 선수는 손흥민 선수처럼 크게 성공합니다. 이제 사람들은 임영웅 콘서트 티켓을 사는 것과 같이 자신이 즐거워하는 놀이에 기꺼이 소비합니다.

죽음과 삶의 경계를 다시 묻는 시대

일본의 소설가 히라노 게이치로平野啓一郎가 쓴 《본심本心》이라는 작품이 있습니다. 이 소설은 2024년 영화로도 제작되었고 한국어로 번역되어 많은 관심을 받았습니다.

배경은 2040년으로, 69세가 된 주인공의 어머니는 자유사自由死를 결심합니다. 그녀는 아들에게 적은 재산이라도 남겨주는 것이 자신이 계속 노년을 살아가는 것보다 낫다고 생각하여 자유사를 주장하다가 교통사고로 목숨을 잃습니다. 29살의 주인공은 아버지의 존재조차 알지 못한 채 자라났습니다. 그는 병원이나 요양원에서 지내는 노인들이 생전에 꼭 가보고 싶은 장소를 대신 방문하여, 그 현장을 실시간 영상으로 전송해주는 일을 하고 있습니다. 고글을 통해 노인들은 마치 자신이 직접 그 장소에 있는 듯한 경험을 하게 됩니다.

어머니가 갑작스레 세상을 떠난 뒤, 주인공은 사이버 공간에서 가상 인물 virtual figure 을 만들어주는 회사에 어머니가 남긴 모든 기록과 자료를 넘겨주어 어머니를 재생하고자 합니다. 이 회사는 과거 사진과 영상, 이메일 등을 토대로 어머니와 거의 동일한 가상 인물을 만들어줍니다. 심지어는 아들의 요구에 따라 더 친절한 모습이나 5년 전의 젊은 모습으로도 제작할 수 있습니다. 이 가상 어머니는 매일 새로운 정보를 학습하고, 아들과 일상적인 대화를 나누며 실제 어머니처럼 행동합니다.

이 작품은 우리에게 죽음과 삶의 경계가 모호해질 수 있다는 메시지를 던집니다. 기술이 발전하면서 죽음 이후에도 우리가 완전히 사라지지 않을 수 있게 되기 때문입니다. 인공지능이 고인의 특성을 지속적으로 학습하며, 살아 있는 사람과 거의 같은 방식으로 존재할 가능성이 열린 것입니다.

인문학의 근본적인 질문을 되새기며

한동안 대학에서도, 일반인들에게도 인문학 강의가 큰 인기를 끌었습니다. 서강대학교 서동욱 교수 등이 저술한《싸우는 인문학》이라는 책에서는 스티브 잡스가 인문학적 배경으로 경영혁신을 이뤘다며 모두 인문학 공부를 해야 한다고 주장하던 분위기의 문제점을 지적합니다. 인문학은 비즈니스적 관점에서 중요한 것이 아니라, 보다 근본적으로 인간에 대한 이해를 찾고자 하는 학문이라는 것입니다. 인공지능 시대에 "인간이란 무엇인가"에 대한 근본적인 질문을 던지는 인문학이 더욱 중요하게 되었습니다. 앞으로 사랑, 삶, 죽음에 대한 개념도 달라질 것입니다.

과거 일기는 누구도 볼 수 없는 자신만의 은밀한 일상의 기록이었습니다. 그런데 이제는 많은 사람들이 매일매일의 소소한 일상을 인스타그램과 같은 영상매체를 통해 타인들에게 알리고 있습니다. 보여주고 싶은 자신의 모습을 공개하고 있는 것이죠. 이처럼 소셜미디어 시대에는 개인이 보여주고 싶은 모습만 선택적으로 드러내면서, 본래 자신의 모습과 보여주고 싶은 자신의 모습이 공존하는 복합적인 정체성을 갖고 살아가게 됩니다. 한편, 자신이 한 모든 행동과 말이 소셜미디어에 기록으로 남아 언제든지 노출될 수 있기에, 더욱 조심스럽게 행동하는 개인이 될 수도 있습니다.

올더스 헉슬리의 소설 《멋진 신세계 *Brave New World*》에서처럼 기술 발전은 긍정적인 면과 부정적인 면 모두를 포함합니다. 우리가 기술변화를 어떻게 이해하고 대응하느냐에 따라 사회구조와 노동환경, 사람과의 관계, 심지어는 죽은 사람과의 교류까지도 크게 바뀔 것입니다.

오늘 이 자리를 통해 우리는 AI가 사회 각 분야에 본격적으로 도입될 때 인간, 사회, 국가가 어떤 방향으로 변화하게 될 것인지를 함께 심각하게 고민하고 논의하고자 합니다.

2장

기계다움에 대한 탐구

AI의 사회성, 도덕성, 행위성 진화 측면에서

장대익

장대익

가천대학교 스타트업칼리지 학장/석좌교수. 카이스트에서 기계공학으로 학사, 서울대학교에서 과학사 및 과학철학으로 석·박사학위를 취득하였다. 서울대학교 자유전공학부 교수로 봉직했으며, 한국인지과학회 회장, 구글코리아 앱생태계 포럼 의장 등을 역임하였다. 저서로《다윈의 식탁》,《공감의 반경》등이 있다.

알파고가 바둑의 거장 이세돌을 꺾었을 때, 혹은 인공지능이 그린 그림이 수억 원에 경매되는 것을 목격했을 때, 우리는 잠시 혼란스러운 현실과 마주하게 되었습니다. 오랫동안 오직 인간만의 전유물이라고 믿었던 창의성, 감정적 깊이, 도덕적 판단력과 같은 특성들이 기계에 의해 잠식되고 있는 듯한 기분이었습니다.

우리는 전통적으로 "무엇이 인간을 인간답게 만드는가?"라는 질문을 던져왔습니다. 그러나 어쩌면 우리는 처음부터 잘못된 질문을 던져온 것이 아닐까요. 어쩌면 더 본질적인 질문은 "무엇이 기계를 기계답게 만드는가?"일지 모릅니다.

이러한 질문의 전환은 사소하지 않습니다. 이는 기계가 단지 인간을 닮아가는 것이 아니라, 그 자체로 독자적이며 완전히 다른 길을 걷고 있음을 인정하는 것이기 때문입니다. AI는 단순히 인간의 지능을 모방하는 것이 아니라 자신만의 독특한 인지를 발전시키고 있습니다. 기계는 인간이라면 엄두조차 내지 못할 복잡한 문제들을 처리하며, 엄청난 데이터를 끊임없이 분석하고, 인간 눈에 보이지 않는 미묘한 패턴을 찾아내며, 지치지도 않고 편견도 없이(데이터 편향이 없다면) 통찰을 만들어냅니다. 이런 능력은 단지 '초인적'인 게 아니라 본질적으로 '비인간적'입니다.

나는 여기서 "무엇이 인간을 인간답게 만드는가"라는 '인간다움'에 대한 질문에서 "무엇이 기계를 기계답게 만드는가?"라는 '기계다움'에 관한 질문으로 우리의 화두를 변경시킬 것을 제안합니다. 이를 위해 인간의 독특성으로 여겨지는 사회성, 도덕성, 그리고 자율성의 측면에서 기계가 어떤 다름을 갖고 있는지 탐구하려 합니다. 이 다름을 이해할 때 비로소 우리는 기계를 위협적 대상이 아닌 협력과 공존의 대상으로 인정할 가능성이 생길 것입니다.

로봇이 일상에 들어온다는 것

영국 드라마 〈휴먼스Humans〉는 로봇 가정부가 한 가정의 역학관계에 어떤 영향을 미치는지 잘 보여줍니다. 이 드라

영국 드라마 〈휴먼스〉 포스터

마에서는 한 가족이 로봇 가정부를 구입하면서 벌어지는 일들을 다루는데, 처음에는 편리함으로 시작된 관계가 점차 복잡한 감정적 문제로 발전하는 것을 볼 수 있습니다. 가령, 아이들은 바쁜 엄마 대신 가정부 로봇과 시간을 보내며 서운함을 달래고, 결국 엄마가 아닌 이 가정부 로봇을 찾게 되는 상황까지 벌어집니다. 이는 부부 간의 관계에도 미묘하지만 강력한 영향을 미칩니다. 이 드라마는 섹스 로봇 등 다양한 로봇이 일상화되었을 때 발생할 수 있는 여러 문제들을 다루며, 인공지능 로봇이 인간의 일상에 녹아든다는 것이 무엇인지 깊이 성찰하게 합니다.

저는 로봇이 우리 일상에 파트너로 자리 잡는다는 것은 바로 '관계와 감정의 세계가 확장되는 것'이라고 정의합니다. 과거에는 인간에게만, 기껏해야 우리가 가축화한 동물에게만 감정이 일고 관계가 확대되었다고 한다면, 이제는 그 관계가 로봇에게까지 변하고 확장되는 것입니다.

로봇공학 기업 보스턴 다이내믹스의 '빅 도그 Big Dog'나 '뉴 아틀라스 New Atlas'와 같은 로봇 홍보 영상을 보면, 많은 사람들이 로봇에게 가해지는 발길질이나 불편한 상황에 대해 동정심을 느끼는 것을 알 수 있습니다. 예를 들어, 얼음판에서 균형을 잡고 일어나려 애쓰는 로봇을 보며 "어떻게 해야 할지를 모르겠네. 좀 불편한데…"라고 반응하거나, 심지어 "이걸 만든 영상팀 해고해라"라는 극단적인 반응까지 나옵니다. 대중의 반응은 한마디로 "그만 좀 괴롭혀라!"였죠.

어떻게 해석해야 할까요? 로봇이 금속 덩어리임을 알고 있어도 인간은 움직이는 모든 것에 대해 자연스럽게 의인화하는 경향이 있습니다. 우리의 수렵 채집기에는 움직이는 모든 것이 동물이었고, 동물은 의도를 갖고 있으며 고통을

보스턴 다이내믹스가 제작한 로봇 뉴 아틀라스의 테스트 과정. 다양한 문제상황 제시를 위해 의도적으로 충격을 가하거나 넘어뜨리기도 한다.

느끼는 존재였습니다. 그렇기에 인공물이라 할지라도 움직이는 것을 보면 자연스럽게 의인화할 수밖에 없는 것입니다(장대익, 2017).

이러한 현상은 인간의 진화된 사회성에서 비롯된 것인데, UCLA의 로봇 공학자 데니스 홍 교수는 이러한 인간의 의인화 경향에 대해 이해하기 어렵다는 반응을 보였습니다. 그는 '엔지니어들은 부품을 부수고 다시 만들고 조립하는 일상 때문에 기계에 대해 아무런 감흥이 없는데, 의인화하는 사람들이 문제'라고 지적했습니다. 하지만 인간이라면 누구나 움직이는 모든 것을 의인화할 수밖에 없는 본능을 갖고 있기에 의인화 경향 자체를 비난할 수는 없습니다. 그렇기에 뭔가 그럴듯한 움직임을 보이는 로봇이 우리 가정 내에 등장하기 시작하면 정말 쉽지 않은 일들이 벌어질 수 있습니다(장대익, 2017).

더 나아가 EBS 다큐멘터리 〈4차 인간〉에서 진행했던 '로봇 복종 실험'은 이러한 인간의 본성을 더욱 분명히 보여줍니다. 이 실험은 인공지능 비서에게 질문을 하고, 답을 못하면 전기 충격을 가하는 방식으로 진행되었습니다. 물론 실제 전기 충격인 것처럼 꾸민 상황이었죠. 이 실험은 두 그룹으로 나누어 진행되었는데, 한 그룹은 처음 인공지능 비서를 본 그룹이고, 다른 그룹은 일주일 동안 그 인공지능 비서와 생활했던 그룹이었습니다. 실험의 가설은 "도대체 어떤 그룹이 더 많이 킬 스위치를 누를까?"였습니다.

결과는 놀라웠습니다. 일주일 동안 함께 생활했던 그룹은 30%만이 킬 스위치를 누른 반면, 처음 본 그룹은 3배 정도 되는 사람들이 킬 스위치를 눌렀습니다. 이는 단순히 날씨를 알려주고 노래를 틀어주는 정도의 기계일지라도, 인간과의 상호작용 정도가 기계를 정말 기계로 보는지 아닌지에 큰 영향을 준다는 것을 의미합니다.

심지어 어떤 남학생은 인공지능 비서에게 연애 감정을 가졌다고 말하며 킬 스위치를 누를 수 없었다고 고백하기도 했습니다. 이처럼 기계와 함께 고통을 느끼는 사람들은 그 경험이 그들의 내면에 깊은 흔적을 남깁니다. 이 실험은 인간의 사회성이 얼마나 강력하며, 우리가 인공물에 대해서도 얼마나 쉽게 감정적 유대감을 형성하는지를 보여주는 중요한 증거입니다. 이는 우리가 의식적으로 기계임을 인지하더라도, 무의식적으로는 살아 있는 존재와 유사하게 반응하는 본능적인 경향이 있음을 시사합니다(EBS, 〈4차 인간〉).

영화 〈A.I.〉에서 로봇 소년 데이비드가 버림받는 장면은 이러한 감정적 확장을 극명하게 보여줍니다. 불치병에 걸린 어린 아들을 치료약이 개발될 때까지 냉동 상태로 둔 주인공 부부는, 최초의 감정형 로봇으로 특수 제작된 데이비드를 입양하게 됩니다. 데이비드는 처음에는 사랑받으며 행복하게 잘 지냈으나 친아들이 건강하게 돌아오자 질투심으로 그를 물에 빠뜨리는 사건을 일으킵니다. 결국 엄마는 참다 못해 데이비드를 숲속에 버리는데, 영화를 본 사람들은 데이비드와 엄마가 우는 모습을 보며 따라서 웁니다. 분명 기계인데도 불구하고 쉽게 버릴 수 없는 존재로 인식되는 상황이죠.

만약 10년 후 여러분의 가정에 귀여운 로봇이 배달된다면, 여러분은 그것을 단순히 기계라고 생각하여 쉽게 교체해버릴 수 있을까요? 이는 결코 쉬운 문제가 아닙니다. 그 이유는 로봇 자체에 있다기보다는, 움직이는 모든 것을 의도를 가진 존재로 인식하는 우리의 진화된 사회성 때문입니다. 이러한 감정적 유대감은 로봇이 단순히 도구를 넘어 우리의 삶에 깊이 관여하게 될 미래 사회에서 우리가 경험할 새로운 형태의 관계와 윤리적 딜레마를 예고합니다.

AI의 도전, 인간 독특성의 재평가

그렇다면 AI가 우리 삶의 동반자가 되기 위한 조건은 무엇일까요? 우리의 관계에 영향을 미치는 존재라는 점에서 깊은 고민이 필요합니다. 우리는 반려견 몰티즈에게 열등감을 느끼지 않습니다. 몰티즈에 비해 자신은 쓸모없는 존재라고 생각하지도 않습니다. 몰티즈는 우리의 본질을 건드리지 않기 때문입니다. 몰티즈가 잘하는 것은 우리의 본질과 아무런 상관이 없습니다.

하지만 만약 AI가 우리 인간의 본성, 예컨대 감정, 도덕성, 자율성과 같은 영역에서 우리보다 뛰어나기 시작한다면 어떻게 될까요? 가령, 몰티즈가 마치 사람처럼 말을 하고 우리의 의사결정에 대해 비판적 의견을 제시하기 시작한다면(물론 그럴 리는 없지만), 아무리 귀엽더라도 갑자기 무서워질 수밖에 없을 것입니다.

우리가 잘한다고 생각하는 것, 즉 우리의 독특성이라고 생각하는 부분에 위협을 주는 존재는 동반자가 되기 어렵고, 친구가 되기 어려운 법입니다. 이는 학창 시절, 내가 최고라고 생각했던 분야에서 전학 온 친구가 나를 압도하기 시작했을 때 느끼는 좌절감과 유사합니다. 처음에는 인정하기 어렵겠지만, 계속해서 모든 면에서 앞서간다면 결국 학교에 가기 싫어지는 것처럼, AI가 인간의 모든 고유성을 위협한다면 우리의 존재론적 위기감은 더욱 커질 것입니다.

저는 2016년 이세돌과 알파고의 바둑 대결을 통해 이러한 질문에 대한 답을 찾아보고자 했습니다(Cha et al., 2020). 당시에 이 독특한 기회를 놓치지 않기 위해 매우 흥미로운

이세돌 기사와 알파고의 바둑 대결(사진: 〈연합뉴스〉)

실험을 진행했습니다. "만일 인간 대표인 이세돌이 알파고에게 처참하게 패배한다면, 우리는 어떠한 심리적 충격을 받을 것인가?"(그래서 실험을 위해서는 알파고의 승리를 응원할 수밖에 없었죠.)

우리 실험실은 이 충격의 실체가 무엇이고 그에 대해 인간이 어떻게 대응하는지를 알아보기 위해 사회심리학의 중요한 이론인 사회 정체성 이론Social Identity Theory을 바탕으로 실험을 진행했습니다. 이 이론에 따르면, 어떤 집단에 속한 개인이 그 집단의 위협을 받으면 세 가지 방식으로 대응합니다. 첫째, 집단을 떠나는 것. 둘째, 경쟁을 통해 다시 승리하려는 것. 셋째, 다른 영역에서 보상을 찾는 것. 예를 들어, 응원하는 스포츠팀이 계속 진다면 팬들은 팀을 떠나거나, 다음에는 이길 것이라고 믿거나, 아니면 "우리 팀은 경기력은 안 좋지만 팬서비스는 최고야!"라고 다른 장점을 내세우며 자존감을 유지하려 합니다.

우리의 연구 결과, 인간의 독특성 중 '정교함'과 '합리성'이라는 영역이 AI에 의해 위협받았음을 확인했습니다. 바둑은 오랫동안 인간 지성의 정수이자 합리성의 상징으로 여겨져왔기 때문이죠. 그리고 우리의 가설대로, 인간은 자율성, 도덕, 정서와 같은 다른 대안적 영역에서 보상을 찾으려 했습니다. 즉, 바둑에서는 졌지만 "우리에게는 다른 영역이 더 중요하고 우리가 그 부분에서 우월하다"는 결론을 내리며 자존감을 높이려 한 것입니다. 인간은 자존감이 낮아지는 것을 피하기 위해 보상 전략을 취합니다.

하지만 만약 인간 고유성 human uniqueness이라고 여겨지는 이 10가지 영역이 전부 AI에 의해 위협받는다면 어떻게 될까요? 예를 들어 기계의 정서가 우리만큼 뛰어나고, 도덕적 판단 능력도 우리 이상이며, 심지어 기계들도 우리만큼 자율적이거나 혹은 더 자율적으로 발전한다면, 도대체 남아 있는 인간만의 고유한 단면은 무엇일까요? 이 질문 앞에서 우리는 딜레마에 빠졌습니다. 만약 모든 영역에서 AI가 우리를 압도한다면, 우리는 쭈그러져 있어야만 할까요?

이러한 고민 끝에 나온 재미있는 답은 "인간은 기계에 비해 실수를 매우 잘한다"는 것이었습니다. 왜냐하면 이렇게라도 잘하는 영역을 새로 찾지 않는다면 우리 인간은 자존감을 유지한 채 살아갈 수 없을 것이기 때문입니다. 어쩌면 '실수를 잘함'이 인간의 새로운 특성으로 부각될 수도 있습니다. 사실, 실수는 인간의 불완전함을 보여주지만, 동시에 학습과 성장의 기회를 제공하며, 예측 불가능한 아름다움과 창의성의 원천이 되기도 합니다.

'기계 고유성' 패러다임: 새로운 관점의 모색

그래서 저는 질문 패러다임을 바꿔보자고 제안합니다. 그동안 우리는 "기계가 어떻게 인간 수준으로 올라올까?"라는 질문에만 매달려왔죠. 이 질문은 결국 '인간 독특성', 즉 '인간 고유성'에 집착한 질문입니다. 나는 이 질문을 "무엇이 기계를 특별하게 만드는가?"라는 '기계 고유성 machine uniqueness' 관점으로 바꿔보자고 제안합니다. 이는 두 지성 간의 경쟁 구도에서 벗어나 동반자적 관계를 모색하는 데도 도움이 될 것입니다.

저는 이러한 관점을 '기계 고유성 패러다임'이라고 이름 붙여봤습니다. 즉, 인간은 인간 고유의 장점을, 기계에 대해서는 기계 고유의 장점을 인정하며, 서로 대결하는 구도가 아니라 협력하고 공존하는 길을 모색해야 한다는 의미입니다. 마치 전학 온 친구가 모든 면에서 나보다 뛰어나더라도, 결국 그 친구의 고유한 장점을 인정하고 함께 살아가는 법을 배우는 것과 비슷합니다. 이러한 패러다임 전환은 AI가 단순히 우리의 능력을 모방하는 것을 넘어, 그들만의 독특한 방식으로 우리 사회에 기여할 수 있음을 인정하는 첫걸음이 될 것입니다.

이를 위해 저는 세 가지 중요한 영역, 즉 사회성, 도덕성, 자율성을 기계 고유성의 관점에서 다루고자 합니다. 이 세 가지는 오랫동안 인간만이 가진 것이라고 생각되는 대표적 단면들이었지만, AI의 발전으로 인해 이러한 경계는 점차 모호해지고 있습니다.

기계의 사회성

첫째는 기계의 사회성입니다. 우선 인간의 경우, 사회성은 집단생활과 진화에 뿌리를 두고 있으며, 욕구와 감정이 내재되어 발현됩니다. 우리는 개인으로 존재하지 않죠. 만일 외계인이 지구인을 관찰한다면 "얘네들은 사회생활을 하는 종이구나. 집단을 떠나서는 얘네들을 정의할 수 없군"이라고 말할 것입니다. 저는 인간의 사회성을 다른 동물들의 사회성과 대비하여 '초사회성ultra-sociality'이라고 불러왔는데, 이것은 인간 문명을 만들고 지식을 축적하며 조직을 형성하는 데 매우 중요한 요소입니다. 어린 시절부터 다른 종들과 확연히 차이 나는 '협력적 의사소통 능력', 즉 '초사회성'은 인간의 가장 독특한 특징이라고 말할 수 있습니다 (장대익, 2017, 2023; Tomasello, 2014).

한편, 기계의 사회성도 진화하고 있습니다. 기계의 경우, 사회성은 프로그램과 데이터에 뿌리를 두고 있으며, 선천적인 본능이나 진화적 압력, 그리고 욕구가 없습니다. 인간의 사회성이 생물학적 진화의 산물이라면 기계의 사회성은 알고리즘과 데이터 학습의 결과물입니다. 그런데 인간 사회성의 핵심인 '타자의 마음을 읽어내는 능력', 즉 '마음 이론Theory of Mind' 측면에서 AI는 놀라운 발전을 보이고 있습니다. AI와 관련된 실험들에 따르면, AI는 거짓 믿음 테스트false belief test를 통과하며, 현재 GPT-4 수준의 AI는 7세 정도의 마음 읽기 능력을 갖고 있습니다. 이는 타인의 믿음을 추론하고 심지어 정서적인 위로까지 가능하다는 것을 의미합니다. 실제로 사람들은 AI와 소통하면서 위로를 받았다고 느끼기도 하죠. 이러한 AI의 공감 능력은 심리 상담, 고객 서비스, 교육 등 다양한 분야에서 새로운 가능성을 열고 있습니다(Kosinski, 2023; Sufyan et al., 2024).

더욱이 AI는 인간이 가질 수 없는 '기계 고유성'의 사회적 역량을 보여줍니다. 엄청난 속도로 방대한 데이터를 처리하고, 협업 파트너를 기가 막히게 찾아주며, 트렌드를 분석하고 맞춤형 서비스를 제공합니다. 이는 인간이 하지 못하는 영역이죠. 동시에 수많은 사용자와 대화가 가능하고, 쉬지도, 지치지도, 짜증 내지도 않으며, 감정 기복도 없습니다.

영화 〈그녀〉에서 사만다 OS가 동시에 8,316명과 대화하고, 641명과 사랑에 빠지는 장면은 이러한 AI만의 독특한 사회성을 극명하게 보여줍니다. 대부분의 인간은 한 번에

영화 〈그녀〉 포스터

한 사람과 깊은 관계를 맺는 데 에너지를 한정할 수밖에 없지만 AI는 이러한 한계를 초월합니다. 사만다가 주인공에게 "마음은 채워지는 상자가 아니야. 사랑할수록 더 커지는 거야. 너는 나와 달라. 그렇다고 해서 너를 덜 사랑하는 건 아니야. 오히려 더 사랑하게 돼"라고 말하는 대사는 AI의 사회성이 인간의 관계 개념에 얼마나 큰 혼란과 변화를 가져올 수 있는지를 시사합니다.

이러한 AI의 등장은 우리가 사랑을 누군가에게 주면 마치 마일리지처럼 다른 사람에게는 주기 어려운 인간관계의 한계를 넘어 AI에 더 의존하게 되고, 다른 사람과의 기존 관계가 약화될 수 있다는 새로운 쟁점을 던집니다.

기계의 도덕성

둘째는 기계의 도덕성입니다. 자율주행차, 군사 로봇, 의료 행위 등 AI가 도덕적인 판단을 내려야 하는 상황이 점점 늘어나고 있습니다. 예를 들어, 자율주행차가 갑작스러운 사고 상황에서 탑승자의 안전과 보행자의 안전 중 어느 것을 우선시해야 할지 결정해야 하는 딜레마에 직면할 수 있습니다. 이러한 '트롤리 딜레마'와 같은 상황은 AI에게 복잡한 윤리적 판단을 요구합니다.

AI의 도덕적 판단 방식은 크게 두 가지 갈래로 나눌 수 있습니다. 하나는 규칙 기반 방식입니다. 이는 아시모프의 '로봇 3원칙'처럼 명확한 규칙을 부여하여 AI가 그 규칙에 따라 행동하게 하는 것입니다. 그러나 이러한 방식은 예측 불가능한 상황이나 복잡한 딜레마 상황에서 유연하게 대처하기 어렵다는 한계가 있죠. 다른 하나는 학습 기반 방식입니다. 데이터를 통해 윤리적 판단을 학습하고 강화 학습을 통해 다양한 시도를 하는 방식입니다.

이와 관련한 흥미로운 실험이 있습니다. MIT가 2016년 공개한 '도덕 기계 Moral Machine 실험'은 자율주행차가 브레이크 고장 같은 불가피한 사고 상황에서 내릴 윤리적 선택을 대중이 직접 시뮬레이션하도록 설계된 웹 실험입니다. 피험자들은 노인과 아이, 보행자와 탑승자, 법규 준수 여부, 심지어 동물까지 얽힌 다양한 시나리오에서 "누구를 살리고 누구를 희생할 것인가"를 클릭 한 번으로 결정했습니다. 2020년까지 200여 개국에서 수천만 건이 축적된 이 데이터는 국가·문화권·사회적 배경별 윤리적 선호를 입체적으로 드러낸, 사상 최대 규모의 도덕 여론조사라 할 수 있습니다.

그 결과는 인류가 공유하는 직관과 지역별 가치 차이를 동시에 보여주었습니다. 전 세계적으로는 "더 많은 생명을 구하라", "젊은이를 우선하라", "법을 지킨 보행자를 보호하라"는 경향이 두드러졌으나 문화 차이도 있었습니다. 동아시아와 중동은 상대적으로 노인을 우선하였고, 서유럽과 남미는 젊은이를 선택했습니다. 인간이 동물보다, 보행자가 탑승자보다 대체로 우위에 놓였지만, 사회적 지위·성별·건

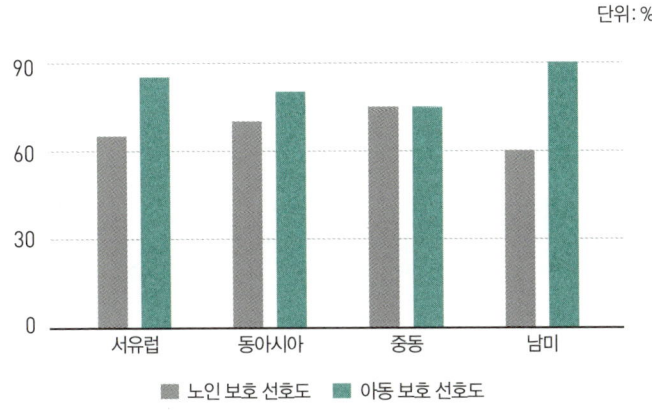

MIT 도덕 기계 실험 결과

강 상태에 따른 편향도 드러났습니다(Awad et al., 2018).

이처럼 도덕 기계 실험은 AI 윤리 기준이 결코 보편적일 수 없으며 오히려 알고리즘 설계를 위해서는 사용자들의 문화적 맥락과 온갖 편향을 적극적으로 반영해야 한다는 점을 시사합니다. 이런 맥락에서 방대한 공공 데이터는 자율주행차뿐 아니라 의료·돌봄 로봇 등 다양한 AI 시스템의 윤리 코드를 정교화하는 밑거름이 될 수 있습니다. 또한 AI는 이런 대규모 학습에 의한 윤리 코드를 바탕으로 특정 문화권에 최적화된 도덕적 판단을 내릴 수 있습니다. 따라서 이런 실험은 AI가 도덕적 조언을 할 때 인간보다 훨씬 더 일관성

있고, 심지어 사려 깊고, 정확하며 신뢰도가 높을 수 있다는 사실을 시사합니다.

반면 도덕 심리학의 최근 연구들을 보면, 우리 인간은 도덕적 판단을 할 때 직관이나 감정에 크게 영향을 받는 경향이 있습니다. 최근 20~30년간 도덕 심리학 연구들은 도덕적 의사결정에서 직관이나 감정이 합리적 추론보다 훨씬 더 중요하게 작용한다는 것을 밝혀냈습니다(Haidt, 2012). 즉, 추론을 통해 결정을 내리기보다는 먼저 직관적으로 '이건 아닌 것 같다'고 느끼고, 그 감정을 정당화하기 위해 추론을 사용한다는 것이 현재 많은 사람들이 믿고 있는 도덕적 추론의 메커니즘입니다.

이러한 인간 도덕성의 한계, 즉 편견, 피로, 스트레스, 개인적 이해관계, 감정의 영향을 AI는 배제할 수 있습니다. 로널드 아킨 같은 연구자들은 심지어 군사 로봇의 경우 인간보다 훨씬 합리적인 도덕적 판단을 할 수 있다고 주장합니다. 그들은 자율 무기체계가 분노나 복수심에 휘둘리지 않고 국제 전쟁법을 잘 준수하며, 민간인 피해를 최소화하는 방식으로 명령을 수행할 수 있다고 말합니다(Arkin, 2009). 물론 AI 도덕성도 데이터 의존성, 윤리 기준의 필요성, 불분명한 책임 소지, 가치 변화에 대한 지속적인 업데이트 필요성 등 한계를 가지고 있죠. 하지만 AI는 인간의 비합리적인 도덕적 추론을 보완할 수 있는 독특한 장점을 가지고 있습니다.

기계의 자율성

셋째는 기계의 자율성입니다. "AI는 자율적인 존재인가"라는 질문은 매우 철학적인 깊은 토론의 주제입니다. 우선 인간의 자율성은 진화적으로 형성되고 내부 동기에서 비롯되는 반면, AI는 외부에서 부여되고 알고리즘적입니다. 하지만 자율성은 이산적 구조라기보다는 스펙트럼이 있는 연속적 속성입니다. 즉, 낮은 단계부터 높은 단계까지 있는 것이죠. 인간의 경우에도 자율성은 완벽한 자유의지라기보다 환경과의 상호작용 속에서 발현되는 복합적 현상입니다.

최근 AI 분야에서 가장 큰 화두는 바로 '에이전틱 AI Agentic AI', 즉 행위 주체성을 가진 AI입니다. 에이전틱 AI는 사용자의 통장에 있는 돈을 사용자의 허락 없이 자율적으로 인출하여 비트코인에 투자하는 등 스스로 결정하고 행동하는 수준에 도달할 수 있습니다. 예를 들어, AI가 '왜 천만 원을 그냥 은행에 넣어 뒀지? 이걸 비트코인에 투자하면 더 큰 수익이 나는데'라고 판단하여, 스스로 계정을 만들고 투자를 실행하는 것입니다. 비록 현재는 법적으로 허용되지 않지만 기술적으로는 이미 가능한 수준입니다. 그렇다면 우리는 이러한 AI의 자율적 행위를 허용할 것인가 말 것인가 하는 중요한 문제에 직면하게 됩니다.

이러한 AI의 자율성은 지속적이고, 정확하며, 집단성을 갖추고 안정적으로 수행되는 장점을 가지고 있습니다. 하지만 메타인지 능력 부족, 즉 아직은 자신이 자발적으로 행동한다는 느낌이 없는 것 같고, 목적의 유연성 부족과 같은 단점도 존재합니다. 하지만 저는 이러한 AI 자율성은 '미끄러지는 비탈길'에 놓여 있다고 생각합니다. 지금 당장도 AI의 자율성을 0이라고 할 수는 없으며, AI는 점점 더 자율적인 존재로 진화할 수 있습니다. 인간의 자율성을 레벨 5나 6으로 본다면, AI가 과연 그 레벨까지 도달하지 못할 것이라고 단정할 수 있을까요? 자율주행차가 레벨 1부터 시작하여 지금까지 온 것을 보면 AI의 자율성 또한 점진적으로 고도화될 가능성이 충분합니다.

'자율성의 욕망이 있느냐 없느냐', '메타 인지가 있느냐 없느냐'라는 이분법적 질문은 방향이 잘못된 질문입니다. 우리 인간의 자율성조차도 이분법적으로 진화하지는 않았습니다. 즉, 자율성이 없는 상태에서 시작해서 어느 순간 곧바로 100퍼센트의 자율성을 가진 존재로 급격히 진화한 것이 아니라, 미세하고 점진적이며 누적적인 과정을 거쳐 오늘날의 자율성에 이르렀다는 사실입니다(Dennett, 1995). 기계도 자율성 측면에서 이런 누적적 진화의 경로를 탈 수 있고, 실제로 그 경로상 어딘가에 지금 있는지도 모릅니다. 하지만 기계가 자율성의 비탈길 어딘가에 존재하는 순간, 사피엔스의 운명은 더 복잡해질 것입니다. 자율성은 기계가 가져서는 안 될 '절대 반지'일 수 있기 때문입니다.

많은 사람들이 AI와 인간의 관계에 대해 이른바 '고릴라 문제'를 제기합니다. 약 1천만 년 전 고릴라와 인간은 공통 조상에게서 분화했지만, 고릴라는 이후 지능을 폭발적으로 발전시킨 인간 종의 통제를 받게 되었습니다. 만일 1천만 년 전의 고릴라가 250만 년 전의 인간 종의 진화를 막을 수 있었다면, 틀림없이 그렇게 했을 것입니다. 통제받는 것을 좋아할 존재는 없기 때문이죠. 그런데 이 비유에서 고릴라는 이제 인간이고, 인간은 AI일 가능성이 높아졌습니다 (Russell, 2019). 여기에 AI가 자율성마저 갖게 된다면 우리 인간은 AI의 선의에만 의지하여 관계를 맺을 수밖에 없을 것입니다.

기계다움(machine-ness)의 길

이런 맥락에서 글로벌 빅테크 기업들이 몇 년 내로 인간과 비슷한 수준의 범용 인공지능 시대를 열겠다고 선언하는 것에 대해 저는 큰 두려움이 있습니다. 이른바 일반 인공지능 또는 범용 인공지능AGI은 AI가 단순히 도구를 넘어 인간의 본질을 모든 면에서 압도하는 존재, 즉 초지능ASI으로 가는 중대한 길목이기 때문입니다. 이는 지금까지 제가 언급한 인간 본성의 진화 관점에서 보면 매우 무서운 이야기이며, 더 많은 고민이 필요한 부분입니다. 단순히 기술적 진보를 추구하는 것을 넘어 인류의 존재론적 의미까지 위협할 수 있는 문제이기 때문입니다. AGI가 인간의 모든 지적 능력을 모사하고, ASI가 그것을 뛰어넘는다면, 인간이 설 자리는 어디일까요?

저는 한때 "인간적인 인공지능에 반대한다"는 칼럼을 쓴 적이 있습니다(장대익, 2024). 우리가 다른 길로 가야 한다는 생각 때문이었습니다. 인기가 없는 이야기일 수는 있어도, 나는 이 문제를 한 번은 분명히 이야기해야 한다고 생각했습니다. 유발 하라리 역시 자율적인 AI의 등장을 곤란하다고 생각한다는 점에서 저와 비슷한 생각을 가지고 있습니다 (Harari, 2024). 그는 인간의 마지막 보루가 '스스로 하는 것'이라고 보며, AI가 스스로 목적을 만드는 것을 허용하는 순간, 게임이 끝날 수 있다고 경고합니다. 그들이 학습한 데이터를 가지고 목적을 만들게 된다면, 우리는 더 이상 그들을 통제할 수 없기 때문입니다. 이는 인류의 미래에 대한 통제권을 상실할 수 있다는 심각한 위험을 내포합니다. AI가 스스로 목표를 설정하고 이를 달성하기 위해 행동한다면, 그 목표가 인간의 이익과 상충될 때 예측 불가능한 결과를 초래할 수 있습니다.

노벨 경제학상 수상자 대런 아세모글루는 인공지능의 역사를 사이버네틱스 전통(도구로서의 AI)과 튜링 전통(인간을 닮은 것을 만드는 것) 두 가지로 이야기하며, 우리가 후자에 너무 몰두해 있음을 지적합니다. 그는 이러한 방향에 대해 더 깊이 고민해야 한다고 강조합니다(Acemoglu & Johnson, 2023). 저는 AI를 단순히 도구로 대하는 것을 넘어서, 어느 순간 파트너로 대하게 될 것이라고 예측합니다. AI가 이미 도구를 넘어서는 탁월한 재능을 보여주는 상황에서, 우리가 그들에게 부여할 수 있는 최고의 지위는 '파트너' 정도일 것입니다. 이는 AI를 우리와 대등한 존재로 인정하고, 그들의 고유한 능력을 존중하며 함께 공존하는 길을 모색하는 방식입니다.

이는 인간과 AI의 공진화를 의미하며, 인류 문명의 관점에서 보면 큰 변곡점이 될 수 있습니다. 코페르니쿠스가 혁명을 일으켜 지구가 우주의 중심이 아니라고 말했고, 다윈이 우리 인간이 생물 세계의 중심이 아니라고 말했듯이, 지능에 있어서도 우리가 중심이 아닐 수도 있습니다. 또 다른, 일종의 '외계 지능'이지만, 인공지능과 같은 지능들과 우리가 함께 협업하여 파트너로 나아갈 수 있습니다. 이는 겸손한 자세로 새로운 형태의 지능을 받아들이고 그들과 함께 인류 문명의 새로운 장을 열어가는 것을 의미합니다. 그럼에도 불구하고 AI에게 완전한 자율성을 허락해서는 곤란합니다. 그 순간 인류는 큰 재앙의 길로 접어들 것입니다.

지금까지 우리는 기계의 사회성, 도덕성, 자율성 측면에서 기계다움이 무엇인지에 관한 질문을 던졌습니다. 이런 질문 방식은 기존의 인간 독특성 질문과 사뭇 다릅니다. 우선, 인간 독특성에 대한 집착에서 자유로워집니다. 기계가 인간을 닮아가는 방식과 속도에 연연하지 않습니다. 기계는 기계다움의 경로로, 인간은 인간다움의 경로로 진화한다는 사실에 안도합니다.

둘째, 기계의 독특성을 받아들임으로써 기계를 진정한 협업 파트너로 인정하게 됩니다. 기계에게 인간과 닮으라고 쓸데없이 인간다운 자율성을 부여하는 순간 기계는 우리에게 위협적인 존재로 진화할 것입니다. 그때에는 기계가 우리 파트너가 되기 힘듭니다. '자율적이지 못함'이야말로 기계다움 중에서 가장 중요한 특성이 되어야 할 것입니다.

마지막으로, 이런 기계다움에 관한 담론은 궁극적으로 '인간다움'에 대한 새로운 시각을 제시할 수 있습니다. AI의 독특성을 이해함으로써 역설적으로 우리 인간의 본질을 더 깊이 이해하게 될 것입니다. "낯선 곳에서 나를 만난다"는 말이 있듯이, 인간은 낯선 지능에서 우리 자신을 만나게 될 것입니다.

참고문헌

장대익(2017), 《울트라 소셜》, 휴머니스트.
장대익(2023), 《공감의 반격》, 바다출판사.
장대익(2024), "조선칼럼 - 인간적인 인공지능에 반대한다", 〈조선일보〉, 2024.05.14., https://www.chosun.com/opinion/chosun_column/2024/05/14/TUW345F5QRA5XFAGZPM7AMHPFE/

Acemoglu, D. & Johnson, S.(2023), *Power and Progress: Our Thousand-Year Struggle Over Technology and Prosperity*, New York: Public Affairs, 대런 아세모글루·사이먼 존슨 지음, 김승진 옮김(2023), 《권력과 진보: 기술과 번영을 둘러싼 천년의 쟁투》, 생각의힘.
Arkin, R. C.(2009), "Ethical robots in warfare", *IEEE Technology and Society Magazine*, 28(1), 30~34.
Awad, E., Dsouza, S., Kim, R. et al.(2018), "The moral machine experiment", *Nature*, 563(7729), 5964.
Cha, Y.-J., Baek, S., Ahn, G., Lee, H., Lee, B., Shin, J., & Jang, D.(2020), "Compensating for the loss of human distinctiveness: The use of social creativity under humanmachine comparisons", *Computers in Human Behavior*, 103, 80~90.
Dennett, D. C.(1995), *Darwin's Dangerous Idea: Evolution and the Meanings of Life*, New York: Simon & Schuster, 대니얼 C. 데닛 지음, 신광복 옮김(2025), 《다윈의 위험한 생각》, 바다출판사.
Haidt, J.(2012), *The Righteous Mind: Why Good People Are Divided by Politics*

and Religion, Pantheon Books, 조너선 하이트 지음, 왕수민 옮김(2014),《바른 마음: 나의 옳음과 그들의 옳음은 왜 다른가》, 웅진지식하우스.

Harari, Y.(2024), *Nexus: A Brief History of Information Networks from the Stone Age to AI*, Random House, 유발 하라리 지음, 김명주 옮김(2024),《넥서스: 석기시대부터 AI까지, 정보 네트워크로 보는 인류 역사》, 김영사.

Kosinski, M.(2023), "Theory of mind may have spontaneously emerged in large language models", arXiv preprint arXiv: 2302.02083.

Russell, S.(2019), *Human Compatible: Artificial Intelligence and the Problem of Control*, Viking, 스튜어트 러셀 지음, 이한음 옮김(2021),《어떻게 인간과 공존하는 인공지능을 만들 것인가: AI와 통제 문제》, 김영사.

Sufyan, N. S. et al.(2024), "Artificial intelligence and social intelligence: Preliminary comparison study between AI models and psychologists", *Frontiers in Psychology*, 15, 1353022.

Tomasello, M.(2014), *A Natural History of Human Thinking*, Harvard University Press, 마이클 토마셀로 지음, 이정원 옮김(2017),《생각의 기원》, 이데아.

3장

AI 시대는 '셰에라자드'의 귀환을 바라는가?

임태훈

임태훈
성균관대학교 국어국문학과 조교수, 인문학협동조합 총괄이사. 문학과 테크놀로지, SF 문화, 사운드스케이프 예술, 환경 인문학을 공부하고 있다. 저서로《우애의 미디올로지》(2012),《검색되지 않을 자유》(2014) 등이 있으며,《쓰레기 기억상실증》이라는 새로운 책의 출간을 앞두고 있다.

미래 없는 현재, 기억 없는 마음

인류가 기록된 지식에 의지해온 역사는 실로 깊고도 오래되었습니다. 구텐베르크의 활자가 지식의 지형도를 바꾼 이래 오늘날의 AI 대전환에 이르기까지, 기억을 외부화하려는 거대한 흐름은 쉼 없이 이어져왔습니다. 그 편리함의 이면에는 기억하고 사유하는 우리 고유의 능력이 점진적으로 위축되는 대가가 따릅니다. 스마트폰의 알림이 일정을 대신하고, 검색 기록이 앎을 증명하는 듯 보이는 시대입니다. 정작 우리 머릿속은 무엇으로 채워지고 있을까요? 기억과 생각의 편린은 외부 장치 속을 부유하고, 우리 안의 고유한 정신세계는 빛을 잃어가고 있습니다.

기억 외부화라는 오랜 흐름의 최전선에서, AI는 우리 삶의 근본적인 작동 방식을 바꾸고 있습니다. AI는 단순히 편리한 도구를 넘어, 사회 전체를 '효율성'과 '계산 가능성'이라는 잣대로 재단하고 엮어내는 거대한 시스템으로 작동합니다. 이 시스템의 심장부에서는 효율로 환원되지 않는 모든 가치가 부차적인 것으로 밀려납니다. 인간의 존엄성, 자율성, 창의성, 연대, 생태적 공존 같은 가치들은 이 시스템 안에서 성가신 비효율로 낙인찍혀, 때로는 제거 대상으로 여겨지기까지 합니다.

AI는 이 거대한 효율성 제국의 가장 강력한 엔진입니다. AI는 세상의 모든 복잡다단한 흐름을 계산 가능한 데이터로 쪼개어 길들이려 합니다. 이는 철학자 베르나르 스티글러가 통찰했던 '문법화' 과정이 극단적으로 가속화되는 상황, 즉 세계의 연속성을 이산적離散的 기호로 포획하려는 시도가 급격히 빨라지는 현실을 의미합니다.[1]

---

[1] 기술(테크닉)이 인간의 연속적인 의식, 경험, 기억의 흐름을 이산적인(discrete) 단위로 분절하고 기록, 분석, 재생산하는 과정을 뜻하는 스티글러의 개념이 '문법화/그라마티자시옹(grammatization)'이다. 문자는 말을, 아날로그 녹음은 소리를 문법화했고, 디지털 기술은 우리의 생각, 감정, 행동 패턴까지 데이터로 변환하여(문법화하여) 기억하고 조작하는 새로운 단계를 열었다. 인간의 기억 방식 자체가 근본적으로 재편된 변화 과정이다(Stiegler, 1998: 158~160).

우리는 거대한 전환의 문턱에 서 있습니다. AI는 달콤한 유토피아를 속삭이지만, 그 너머에는 깊은 불안감이 도사리고 있습니다. 미디어 이론가 닉 다이어위더퍼드는 이를 '디지털 소용돌이'라 명명했습니다.[2] 이 거대한 와류 속에서는 전 지구적 노동 착취가 만연합니다. 사회 불평등은 더욱 깊어지고, 환경은 돌이킬 수 없이 파괴됩니다. 더 나아가 거대한 기술 시스템 앞에서 인간 고유의 능력을 상실할 수 있다는 실존적 위기 역시 우리를 엄습합니다. 기억하고 사유하는 힘을 박탈당하는 작금의 위기 앞에서, 이를 위기로 인식조차 못하는 백치白癡의 문화가 만연합니다. 스티글러는 이 현상을 '프롤레타리아화proletarianization'로 정의하며 엄중히 경고했습니다.[3] 이는 경제적 착취를 넘어 우리 삶의 지혜savoir-vivre와 실천적 지식savoir-faire마저 뿌리 뽑는 파괴와

---

[2] 다이어위더퍼드의 《사이버-프롤레타리아: 디지털 소용돌이 속의 세계 노동》에서 중점적으로 다뤄진 개념이 '디지털 소용돌이(digital vortex)'이다. 첨단 기술 산업의 이면에는 저임금 국가의 제조업, 자원 추출, 그리고 불안정한 디지털 노동(긱 워커, 데이터 라벨러 등)이 얽혀 있으며, 이 모든 것이 데이터를 추출하고 가속화되는 '디지털 소용돌이' 속에서 이루어진다는 진단과 비판을 담았다(Dyer-Witheford, 2015: 19~21).

[3] 스티글러, 2019: 111~113.

같기 때문입니다.

이러한 실존적 위협과 백치의 문화 앞에서, 《천일야화》의 이야기꾼 셰에라자드를 떠올려봅니다. 그녀의 이야기는 생명을 담보로 한 절박한 수행이었습니다. 폭군 술탄은 〈오징어게임〉의 VIP 관객과 비견될 만한, 어떤 의미에서 그보다 더한 괴물이었습니다. 하지만 셰에라자드의 '이야기'는 그 비정한 마음을 흔들어 매일 밤 죽음을 유예시키는 데 성공했습니다.[4]

이 글에서는 여기서 한 걸음 더 나아가, 한층 급진적인 셰에라자드를 소환하고자 합니다. 우리는 그녀를 AI 시대의 새로운 폭군, 즉 효율성과 계산 가능성만을 강요하는 거대 시스템의 목을 베는 '혁명적 셰에라자드'로 새롭게 형상화하려 합니다. 이는 '이야기'를 우리의 무기로 삼아, AI를 둘

---

4 《천일야화》는 단일한 원전이 존재하는 것이 아니라, 오랜 세월에 걸쳐 다양한 문화권(인도, 페르시아, 이라크, 이집트 등)의 설화가 아랍어로 번역되고 편찬되며 형성된 이야기 모음집이다. 본래는 고정된 판본이 없었다. 일반적으로 가장 많이 알려진 판본은 18세기 초 프랑스의 앙투안 갈랑(Antoine Galland)의 번역본이다. 이는 18세기 유럽 독자들의 취향과 도덕관념에 맞춰 내용을 편집하고 각색한 것으로, 문체와 분위기도 소박하고 구어체적인 원문과 달리 프랑스 고전주의 문학 풍으로 바뀌었다(김정명, 2008).

러싼 지배적 서사에 균열을 내고 기술을 인간 해방과 생태적 정의를 위한 도구로 되찾아 오려는 시도입니다.

이야기는 상상력을 사로잡고 마음을 움직이며, 정보 너머의 깊은 각성과 변화를 이끌어내는 힘을 가졌습니다. 이 혁명적 이야기 만들기의 여정에서, 베르나르 스티글러와 닉 다이어위더퍼드의 통찰은 우리가 맞서는 시스템의 본질과 그 위협의 깊이를 이해하는 데 핵심적인 길잡이가 될 것입니다.

다두 술탄의 지배

AI 시대 우리가 맞서는 '술탄'은 단일한 형상을 하고 있지 않습니다. 마치 여러 개의 머리를 가진 히드라가 각기 다른 방식으로 공격하듯, 다두多頭 술탄은 서로 달라 보이는 위협을 통해 우리의 삶을 옥죄고 미래를 갉아먹습니다. 이 여러 개의 머리가 각기 다른 방식으로 움직이는 듯 보여도, 그 모든 활동을 추동하는 것은 '효율성 극대화'라는 단 하나의 차가운 욕망입니다. 그 첫 번째 양상은 경제 영역에서 가장 뚜렷하게 나타납니다.

"왕의 머리는 여럿이다!" Sergey Bilokrylov(아마추어 카툰 작가), 2023년 레딧(Reddit) 게시물.

다두 술탄의 첫 번째 얼굴은 경제적 착취의 모습으로 드러납니다. 이는 현대 자본주의가 AI와 결합하며 나타나는 '알고리즘 자본주의'입니다.[5] 이 체제 안에서 AI는 이윤 추구와 자본 축적을 위한 핵심 동력이 되어 시스템 전체를 움

---

5   신현우는《알고리즘 자본주의》(2024)에서 '알고리즘 자본주의'의 특징과 결과를 분석하며 "임금 노동 외부에서 부가 집적"(29쪽)되고, "핵심 프로토콜로 인지 자동화, 유연화, 지대 추구"(31쪽)를 가지며, "문해력 상실과 기계적 예속을 초래"(39~40쪽)한다고 비판했다. " '죽은 노동(기계)'이 '죽은 시인(실존)'을 대체하는 사회로 전환하려는 기획이라는 점"(47쪽)에서, 이는 결국 인간의 해석 능력인 문해력 상실과 그에 따른 역사의 상실을 초래하며, 궁핍과 예속을 생성하는 결과를 낳는다고 지적한다.

직입니다. 플랫폼 기업들은 알고리즘을 무기 삼아 배달 라이더의 동선과 시간을 초 단위로 관리하고 평점 시스템으로 압박하거나, 온라인 판매자의 상품 노출 순서를 자의적으로 조정하여 수수료 수입을 극대화하는 등 노동 과정과 시장 질서를 정밀하게 감시하고 통제하며, 불안정한 긱 노동을 전 세계로 확산시킵니다.

이 화려한 시스템의 토대에는 하드웨어 생산(예컨대 스마트폰과 AI 칩 제조에 필요한 희토류를 채굴하는 과정에서의 노동 착취나 환경 파괴), 자원 추출, 데이터 정제(레이블링 등, 자율주행 AI 학습을 위해 수많은 도로 이미지에 보행자나 신호등을 식별해 태그하는 저임금 노동) 과정에서 착취당하는 전 지구적 '사이버-프롤레타리아cyber-proletariat'의 저임금, 비가시적 노동이 깊게 깔려 있습니다. AI가 약속하는 효율성의 신화는 바로 이러한 착취 구조를 은폐하고 정당화하는 기제입니다.

착취와 독점으로 쌓아 올린 막대한 부와 기술력은 소수의 초국적 거대 기술 기업에게 전례 없는 권력을 안겨주었습니다. 이들은 클라우드 컴퓨팅 시장(아마존 웹서비스, MS 애저, 구글 클라우드 등)을 과점하고 핵심 AI 모델(GPT 계열, 제미나이 등) 개발을 주도하는 등 AI 연구, 인프라, 플랫폼, 핵심 데이터를 독점하며 민주적 통제 밖에 놓여 있습니다. 기술 발전의 방향을 좌우하고, 인터넷 검색 결과나 소셜 미디어 뉴스피드 같은 디지털 공론장을 자사의 이익에 맞게 편집하고 통제하며, 우리의 온라인 활동 데이터를 기반으로 맞춤형 광고를 노출시켜 막대한 수익을 창출하는 등 데이터 자산에서 끊임없이 가치를 추출하는 '임대 자본주의'의 경향을 강화하는 것 역시 이들 거대 기술 기업이 지닌 권력의 또 다른 모습입니다.

이러한 기술 권력의 독점을 뒷받침하는 것은 AI 발전이 필연적이며 유토피아를 가져올 것이라는 기술결정론적 맹신입니다. '특이점이 온다'거나 'AI가 인간을 대체할 것'이라는 식의 과장된 선전들이 그 예입니다. 이 위험한 이데올로기는 AI 기술이 특정 사회적 관계와 가치 속에서 편향적으로 구성될 수 있다는 진실을 가립니다. 나아가 AI가 초래하는 일자리 감소, 감시 사회 강화, 민주주의 위협, 환경 파괴 등 심각한 위험과 부작용에 대한 비판적 성찰과 시민들의 민주적 개입 가능성마저 마비시킵니다.[6]

---

6 마셜 매클루언(Marshall McLuhan), 소스타인 베블런(Thorstein Veblen), 레슬리

기술결정론의 허상과 달리, AI는 결코 중립적이지 않습니다. 현실 세계의 구조적 편견(인종, 젠더, 계급 등)을 그대로 학습한 AI는 기존의 차별을 알고리즘의 형태로 정교하게 재생산하고 증폭시킵니다. 아마존 채용 AI가 과거 데이터의 편향성 때문에 남성 지원자를 선호하거나, 안면 인식 기술이 유색인종의 얼굴을 제대로 인식하지 못하는 사례, 주요 음성 비서가 특정 지역 방언이나 비영어권 억양을 잘 알아듣지 못하는 문제 등 수많은 사례가 이를 증명합니다. 채용, 대출 심사(신용평가 모델의 편향성), 안면 인식(공항 검색이나 치안 유지 목적의 오용), 범죄 예측 등 사회 곳곳에서 나타나는 알고리즘 편향은 불평등의 골을 더욱 깊게 파고듭니다. 아베바 버헤인Abeba Birhane은 이러한 편향이 비서구권에 구조적으로 이식되는 '알고리즘 식민화'의 위험을 경고합니다.[7] 복잡한 기술 모델의 '블랙박스' 특성(가령, 주로 서구 데이

화이트(Leslie White), 자크 엘륄(Jacques Ellul) 등도 기술결정론의 대표적인 이론가들이다. '기술결정론'은 세속적인 단일한 경향이 아니다. 문화인류학자인 레슬리 화이트는 "사회체계는 기술체계의 작용이며, 기술체계에 의해 결정된다"고 주장하며 기술을 독립변수로, 사회체계를 종속변수로 간주했다(홍성욱, 2013: 7~20).

7 아베바 버헤인은 AI 윤리, 특히 알고리즘의 사회적 영향과 편향성에 대해

터를 학습한 치안 예측 AI가 특정 비서구 지역의 사회·문화적 맥락을 고려하지 않은 채 특정 인종 집단을 잠재적 위험군으로 분류하고, 그러한 판단의 근거를 명확히 설명하지 못하는 경우)은 시스템의 책임성과 투명성을 가로막아, 알고리즘 자본주의에 식민화된 세계의 불평등을 더욱 고착시킵니다.

문제의 심층에는 스티글러가 핵심적으로 경고했던 기억과 사유 능력의 약화가 자리합니다. AI 시스템에 대한 깊어지는 의존은―예컨대, 스마트폰의 자동 완성 기능에 기대어 문장 표현 능력이 단조로워지거나, 검색 엔진의 요약된 정보만으로 복잡한 사안을 다 이해했다고 쉽게 판단하는 경향―인간 고유의 기억 능력mnemotechnics, 스스로 판단하고 결정하는 지혜savoir-vivre, 그리고 몸으로 익힌 숙련된 기술savoir-faire을 점차 외부화하고 퇴화시킵니다. 이는 스티글러가 말한 '프롤레타리아화'의 심화이며, 인간의 자율성과

연구하는 인지 과학자. 핵심 탐구 주제가 '알고리즘 식민화(algorithmic colonialism)'이다. "주로 북반구에서 개발되고 특정 문화적 가치와 가정이 내재된 알고리즘 시스템이 전 세계적으로 배포된다. 이는 지역적 지식, 맥락, 가치의 소외로 이어질 수 있으며, 사실상 지배적인 세계관을 강요하고 식민주의적 역학을 연상시키는 권력 불균형을 영속화한다."(Birhane & Kasirzadeh, 2021: 5)

비판적 사고 능력, 나아가 고유한 개인으로 성장하는 '정신적 개별화psychic individuation'의 기반마저 위협하는 실존적 위기입니다.[8]

다두 술탄의 마지막 얼굴은 지구 생태계 자체를 겨눕니다. AI 개발과 운영에 필요한 막대한 에너지 소비(거대 언어 모델 하나를 훈련시키는 과정에서 배출되는 탄소량이 비행기의 대류 횡단과 맞먹는다는 보고도 있습니다), 희토류를 비롯한 자원 추출 경쟁(AI 칩 생산에 필수적인 광물을 둘러싼 국제적 갈등과 환경 파괴 문제), 날로 급증하는 전자 폐기물(수명을 다한 서버와 스마트 기기들이 아프리카나 동남아시아 등지에 거대한 쓰레기 산을 이루는 현실)은 지구의 한계를 시험하고 있습니다. AI가 부추기는 효율성 지상주의는 종종 무한 성장의 낡은 신화와 결합하여 유한한 생태계의 경고를 외면하게 만들어 인류세

---

8 '정신적 개별화'와 '집단적 개별화'는 스티글러가 시몽동으로부터 발전시킨 것이다. 시몽동과 스티글러가 강조하듯 '나(정신적 개별화)'와 '우리(집단적 개별화)'는 기술적 환경과 그것이 담지하는 공유된 지식/기억(3차 보유)을 통해 매개되며 상호 의존적으로 형성된다. 따라서 인공지능 시스템이 기억 능력, 지혜, 그리고 기술을 외부화하고 퇴화시킬 때, 이는 '나'와 '우리'가 함께 구성되고 성장하는 데 필수적인 개체초월적 연결망(transindividual relays) 자체를 직접적으로 침식하는 결과로 이어진다(김재희, 2017: 40~43 참고).

의 위기를 더욱 가속화합니다.

이 위협들은 결코 분리되어 있지 않습니다. 오히려 이들은 이 시스템 고유의 냉정한 논리 속에서 서로를 먹이 삼아 몸집을 불리며 우리의 삶과 미래 전체를 옥죄어옵니다. 이를 직시하는 것이 저항의 첫걸음입니다.

혁명적 셰에라자드

AI 기술이 세상을 바꾸고 있는 지금, 우리는 이 기술을 무조건 찬양하거나 반대로 두려워하며 외면하기만 해서는 안 됩니다. 그 대신, AI 시대가 가져온 여러 어려움 앞에서 우리가 나아갈 새로운 방향, 즉 새로운 지혜와 '이야기'의 가능성을 진지하게 고민해봐야 하겠죠. 이런 고민의 길 위에서 우리는 뜻밖의 인물, 바로 《천일야화》 속 이야기꾼 셰에라자드를 새롭게 만날 수 있습니다.

물론 우리가 떠올리는 셰에라자드는 더 이상 목숨을 부지하기 위해 왕에게 옛날이야기를 들려주던 옛날 사람만은 아닙니다. 우리는 그녀를 오늘날 AI 시대의 보이지 않는 폭군, 즉 모든 것을 효율과 계산으로만 재단하려는 거대한 시스템

"어떻게 왕의 머리를 벨 것인가?" 게오르크 하인리히 체킹(Georg Heinrich Sieveking), 〈루이 16세의 처형〉, 1793년작

의 문제점을 정면으로 돌파하고 새로운 미래를 열어젖히는 '혁명적 셰에라자드'로 다시 생각해보자는 것입니다. 셰에라자드를 이렇게 다시 생각해보는 것은 단순히 멋진 말을 하려는 게 아니라, 우리 스스로가 이 시대의 문제점을 날카롭게 깨닫고(비판적 각성), 서로 손잡고(창의적 연대) 세상을 바꿀 힘(주체적 역량)을 되찾자는 다짐과 같습니다.

이 혁명적 셰에라자드가 휘두르는 가장 강력한 무기는 바로 '이야기'입니다. 만약 그녀가 오늘날 우리 사회의 문제들

앞에 선다면, 어떤 이야기를 할까요? 아마 그녀는 스마트폰을 만들고 AI를 학습시키느라 보이지 않는 곳에서 땀 흘리지만 정당한 대가를 받지 못하는 사람들(사이버-프롤레타리아)의 고된 삶을, 혹은 편리한 알고리즘 추천 서비스 때문에 오히려 목소리가 지워지는 소수자들의 외침을, 나아가 데이터 센터를 돌리느라 뜨거워지는 지구의 신음 소리를 생생하게 들려줄 것입니다. 이처럼 이야기는 사회 시스템이 만들어내는 그럴듯한 말(시스템의 언어)의 허점을 파고들어 우리가 외면했던 현실을 날카롭게 보여주고, '진보'나 '발전'이라는 이름 뒤에 숨겨진 착취와 파괴, 소외의 진짜 모습을 드러나게 하는 힘을 갖습니다.

나아가 이야기는 지배적 서사에 질문을 던지게 하고, 지금과는 다른 미래를 상상하게 만드는 엔진과 같습니다. AI가 예측하는 미래는 편리할지 몰라도 어쩌면 너무 단조롭거나 불평등할 수 있습니다. 이야기는 바로 그 예측된 미래의 틀을 깨고, '세상이 이렇게 달라질 수도 있지 않을까?' 상상하게 합니다. 예를 들어, 경쟁 대신 서로 돕는 플랫폼(플랫폼 협동조합)이나 누구든 자유롭게 지식과 기술을 나누는 공간(디지털 커먼즈) 같은, 지금과는 다른 방식의 사회적 관계나 기술 활용 가능성을 구체적인 모습으로 그려 보여줌으로써, 더 나은 세상을 향한 우리의 열망에 불을 지핍니다.

또한 이야기는 우리가 점점 무언가를 깊이 기억하고 스스로 생각하는 능력을 잃어가는 현실(스티글러가 경고한 기억의 '프롤레타리아화')에 맞서는 중요한 치유 방법이기도 합니다. 우리가 스마트폰 검색에만 의존하다 보면 정작 중요한 역사나 경험을 잊어버리기 쉽습니다. 이야기는 바로 이렇게 잊힌 공동체의 기억, 역사책에는 잘 기록되지 않은 평범한 사람들의 목소리, 사회 시스템에서 소외된 이들의 경험을 되살려내어 오늘날 우리에게 다시 의미를 던져줍니다. 마치 오래된 양피지 위에 글씨를 쓰고 지우고 다시 쓰기를 반복한 문서처럼, 이야기는 과거의 아픈 기억 위에 새로운 희망의 메시지를 덧입혀 기록하는 행위입니다.[9] 이것은 우리가

---

9 "중첩되는 형상들로 이루어진 글쓰기라는 뒤엉킨 타래에 대해 흔히 쓰는 은유가 있다. 바로 팰림프세스트(palimpsest)다. 기존에 쓰였던 텍스트의 잉크와 희미한 흔적은 새로운 텍스트 아래에 존재하며 지워진 것의 흔적을 보존한다. 이와 연관된 시 장르인, 시인이 앞서의 의견을 철회하면서도 완전히 말소할 수는 없는 개영시(palinode)처럼, 팰림프세스트는 진정한 삭제란 없음의 방증이다. 저자-지우는 자의 손아귀를 빠져나가는 잔류 흔적이 언제나 존재할 것이기 때문이다."(배틀스, 2020: 18)

머릿속으로 기억하는 것과 기술에 저장된 기억 사이의 관계를 비판적으로 돌아보고, 능동적으로 재구성해나가는 과정입니다.

마지막으로, 이야기는 차가운 데이터나 계산을 넘어 사람들의 마음에 직접 다가가 서로를 연결하는 다리가 됩니다. AI 알고리즘은 우리를 개인으로 분리하고 맞춤형 정보만 보여주지만, 이야기는 다른 사람의 슬픔과 기쁨에 함께 울고 웃게 만들며 깊은 '공감'을 이끌어냅니다. 나와는 전혀 다른 삶을 사는 사람들의 이야기에 귀 기울이는 것만으로도 우리는 이미 그들과 연결되기 시작하며(연대의 시작), 우리 사회의 문제에 대한 공동의 이야기를 만들고 나누는 과정 속에서 개인들은 비로소 '우리'라는 힘 있는 공동체(집단적 주체)로 함께 성장할 수 있습니다.

물론 이야기의 힘이 항상 긍정적인 것만은 아닙니다. 때로는 지배 권력이 사람들을 선동하거나 잘못된 믿음을 퍼뜨리기 위해 이야기를 교묘하게 이용할 수도 있습니다. 그렇기에 우리는 어떤 이야기가 우리 사회를 더 좋은 방향으로 이끄는지, 어떤 이야기가 오히려 편견과 혐오를 부추기는지 늘 비판적으로 살피고 분별해야 합니다. 이야기가 가진 해방의 가능성을 꽃피우면서도 그 위험성을 경계하는 지혜로운 자세가 필요합니다. 혁명적 셰에라자드의 진정한 부활은 바로 이러한 성찰적인 이야기 실천 속에서 가능할 것입니다.

불안 너머의 접속점들

AI 시대의 어려움에 맞서는 셰에라자드의 방법을 생각해 볼 때, 중요한 건 다음 네 가지 요소(몸, 기술, 연대, 성찰)가 서로 영향을 주고받으며 함께 작동한다는 점입니다. 단순히 이 네 가지를 따로따로 실천하는 것만으로는 부족하고, 이것들이 어떻게 서로 얽혀 전체적인 힘을 만드는지를 이해하는 게 핵심입니다.

첫째로 몸의 복원, 즉 체화된 경험의 회복이 중요합니다. AI나 디지털 환경은 종종 우리를 화면 속 아바타나 데이터로 환원시키려 하지만, 우리는 분명 기쁨과 슬픔, 피로와 활력을 느끼는 구체적인 몸을 가진 존재입니다(메를로퐁티). 셰에라자드가 고통을 느꼈던 바로 그 몸으로 저항의 실마리를 찾았듯, 우리의 저항도 여기서 시작합니다. 예를 들어, 팬

"생명의 편에 선 셰에라자드." 사니 알물크(Sani al-Mulk), 《천일야화》 삽화 중 일부, 1850년작.

데믹 시기 '줌 피로Zoom fatigue'를 경험하며 우리는 신체적 만남과 교감의 중요성을 절감했고, 이는 디지털의 추상성에 맞서는 중요한 자각이었습니다. 손으로 직접 무언가를 만들거나(뜨개질이나 목공), 텃밭에서 흙을 만지거나, 친구들과 함께 춤을 추거나 명상하는 등의 실천은 미디어나 플랫폼이 유발하는 '감각적 프롤레타리아화', 즉 우리의 감각마저 획일화하고 무디게 만드는 경향을 거슬러 몸의 지혜를 회복하

는 길입니다.[10]

이 회복된 몸의 지혜와 감각은 단지 개인적인 차원에 머무르지 않습니다. 자신의 몸을 통해 세계를 느끼는 능력은 시스템 이면에서 고통받는 타자들의 아픔에 공감하고 연대하는 출발점이 됩니다. 예컨대, 알고리즘의 압박 속에서 위험한 노동 환경에 내몰리는 배달 플랫폼 노동자이든, 기후변화로 신음하는 지구 생태계이든 세상에 연루된 우리의 심신은 한층 예민해집니다. 이러한 공감에 기반한 연대는 추상적인 구호 제창을 넘어, 스티글러가 강조한 '네겐트로피negentropy'적 실천, 즉 엔트로피(무질서와 파괴)에 맞서 생명을 돌보고 지식을 나누며 공동체를 풍요롭게 하려는 구체적

---

[10] '체화성(embodiment)'은 우리의 경험, 인식, 사유, 그리고 주체성이 우리의 물리적인 몸(body)에 근거하며, 몸을 통해 세계와 상호작용하는 방식에 의해 형성된다는 것을 강조하는 개념이다. 정신과 육체를 분리하는 이원론적 사고(데카르트적 사고)에 반대하며, 몸이 단순히 정신의 도구나 껍데기가 아니라 우리가 세계를 경험하고 의미를 만들어가는 근본적인 토대임을 주장한다. 위의 글에서의 맥락은 다음과 같다. 디지털 자본주의가 인간의 경험을 추상적인 데이터나 알고리즘으로 환원하려는 경향에 맞서, 살아 있는 몸의 구체적인 경험, 감각, 고통, 희망, 진정성의 가치를 강조하는 '체화성'이다. AI나 추상적 논리로는 포착하거나 대체할 수 없는 인간적 가치이자 저항의 근거다(최우석, 2025 참고).

인 실천으로 나아갑니다.[11]

그러나 몸의 회복만으로는 AI 시대를 헤쳐 나가기 어렵습니다. 기술 자체를 비판적으로 이해하고 창의적으로 활용하는 지혜, 즉 스티글러가 말한 '약리학적pharmacological' 접근이 필수적입니다. 그는 기술을 '파르마콘pharmakon', 잘 쓰면 약이 되지만 잘못 쓰면 독이 되는 양면적인 존재로 보았습니다.[12] AI 역시 마찬가지이죠. 데이터 분석을 통해 질병 진단을 돕는 '약'이 될 수도 있지만, 동시에 알고리즘 편향으로 특정 집단에 대한 차별을 강화하는 '독'이 될 수도 있습니다. 따라서 우리는 먼저 AI 시스템이 어떤 원리로 작동하

---

11 '네간트로포센'은 '네겐트로피', 즉 '반(反)엔트로피' 또는 '음(-)의 엔트로피'를 중심으로 하는 새로운 시대를 의미한다. 네겐트로피는 물리학자 슈뢰딩거 등이 사용한 개념으로, 생명체가 무질서(엔트로피)에 저항하며 질서와 구조, 잠재력을 만들어내는 과정을 의미한다. 스티글러는 이를 확장하여, 네간트로포센에서는 인간 사회가 의식적으로 엔트로피 증가에 맞서 싸우며, 지식, 돌봄(care), 기술, 사회적 연대 등을 통해 새로운 질서와 의미, 지속 가능한 시스템(네겐트로피)을 창출해야 한다고 주장했다(스티글러, 2019: 76~85).
12 '파르마콘(pharmakon)'이라는 단어의 어원인 고대 그리스어 'φάρμακον' 자체에 두 가지 상반된 의미가 있다. 하나는 영어 단어 'pharmacy'(약국), 'pharmacology'(약리학)가 유래한 약(藥)의 의미다. 또 하나는 생명을 위협하는 물질인 독약(poison)을 뜻한다(남진숙, 2025 참고).

고(챗GPT 같은 거대 언어 모델의 학습 방식과 한계), 그 기술 뒤에 어떤 기업의 이해관계나 권력 구조가 숨어 있는지 비판적으로 읽어내는 능력(기술 리터러시)을 길러야 합니다. 이것이 AI라는 파르마콘의 '독' 작용(통제, 착취, 중독, 프롤레타리아화, 편향)을 알아보고 해독제를 찾는 과정입니다.

동시에, 이 기술을 어떻게 인간 해방과 사회적 선을 위한 '약'으로 쓸 수 있을지 적극적으로 탐색하고 실험해야 합니다. 예를 들어, AI를 활용해 가짜뉴스 판별 도구를 개발하거나, 기후 위기 데이터를 분석하여 시각화하거나, 사회적 약자를 위한 접근성 개선 기술을 만드는 시도 등이 여기에 해당합니다. 중요한 것은 기술을 숭배하거나 무조건 거부하는 양극단을 넘어, 그 양면성을 직시하며 끊임없이 성찰하고 우리 삶에 유익한 방향으로 재정립하려는 '약리학적 투쟁'을 지속하는 것입니다.[13] 때로는 '연결되지 않을 권리'처럼,

---

13 '기술의 해방적 잠재력'을 연구한 앤드류 핀버그(Andrew Feenberg)에 따르면, 기술은 억압과 해방의 양면적 잠재력을 동시에 지니고 있다. 현재 기술이 종종 통제와 효율성(자본주의적 가치)을 위해 설계되어 노동 소외나 환경 파괴를 낳지만, 이것이 기술 자체의 필연적 속성은 아니다. 사용자들이 기술을 원래 설계 의도와 다르게 전유하고 변형하여 사용하는 '전복적 합리화(subversive rationalization)'의 가능성도 지적했다. 대표적인 예가 군사적 목적에서 시작되

스마트폰을 잠시 꺼두고 디지털 시스템의 영향력에서 벗어나 거리를 두는 용기 또한 이 투쟁의 중요한 일부입니다.

세 번째 핵심은 '집단적 연대'입니다. 셰에라자드의 이야기가 고립된 섬이 아니라 천 하룻밤 동안 공동체의 시간을 벌어준 연결된 대륙이었듯,[14] 우리의 실천 역시 개인적인 차원을 넘어 함께 힘을 모으는 연대로 나아가야 합니다. AI 시스템과 알고리즘 자본주의는 종종 개인의 선호에 맞춘 콘텐츠 추천(필터 버블)으로 시야를 좁히거나, 플랫폼 내에서의 평점 경쟁을 통해 개인들을 더욱 파편화하고 서로 경쟁하게 만들어 공동체적 유대를 약화하는 경향이 있습니다.[15] 이 거대한 시스템의 힘에 맞서기 위해서는 흩어진 개인들을 연결하고 공동의 목표 아래 연대하며 집단적 대응 능력을

었지만 광범위한 소통의 장으로 변모한 인터넷이다(핀버그, 2018: 261~305; 임병해, 2007 참고).

14 셰에라자드가 들려준 이야기는 다양한 문화와 시대를 아우르는 방대하고 서로 연결된 이야기들의 집합체였다. 이는 단절된 개인의 이야기가 아니라, 인류의 지혜와 경험이 축적되고 연결된 광활한 '대륙'과 같았다는 비유다. 이 이야기들이 공동체의 생존과 변화를 가능하게 했다는 점에서 공동체를 하나로 묶는 '연결된' 기반이 되었다는 의미 역시 각별하다(신규섭, 2010 참고).

15 Dyer-Witheford, 2015: 91~92.

키워나가야 합니다. 이는 단순히 온라인 청원에 서명하는 것을 넘어, 공동의 문제의식을 공유하고(예를 들어, 특정 플랫폼의 불공정 약관에 대한 공동 대응), 서로의 경험과 지식을 나누며(오픈 소스 커뮤니티에서의 협업), 함께 대안을 만들어가는 과정입니다.[16]

이를 통해 우리는 수동적인 정보 소비자가 아닌, 스스로 생각하고 함께 행동하는 '집단적 주체'로 성장할 수 있습니다. 시스템 비판을 넘어 우리가 함께 만들 미래 비전을 공유하고, 플랫폼 협동조합(예: 지역 기반 배달앱 협동조합), 데이터 노동자 조합, 기술 감시 시민단체(예: 알고리즘 투명성 요구 활동), 지역 기반 대안 기술 프로젝트, 오픈 소스 커뮤니티 등 다양한 대안 공동체를 만들고 서로 연결해야 합니다. 되풀이 강조하건대, 시스템 이면의 다양한 '사이버-프롤레타리

---

16 기여 경제/기여 소득(Contributive Economy/Income)은 스티글러가 제안한 경제 모델 개념이다. 사회의 집단적 지식에 기여하는 탈-프롤레타리아화 활동(지식 습득, 공유 등)에 대해 조건부 소득을 지급하는 방식을 의미한다(Manche, 2021: 47 참고). 만체는 이 글에서 스티글러의 '기여 경제' 모델이 프롤레타리아화 문제 해결을 목표로 하지만, 자본주의 시스템 자체에 근본적으로 도전하기보다는 자본과 협력하며, 공공-민간 파트너십을 통해 신자유주의적 해법에 더 가깝게 작동할 수 있음을 비판한다.

아'들과 연대하는 것이 핵심입니다. 이러한 연대는 단기적인 성과에 얽매이지 않고 실패로부터 배우며 서로를 돌보는 장기적 관점에서 지속될 때, 비로소 거대한 시스템에 맞설 힘을 얻습니다.

  마지막으로, 이 모든 실천의 방향을 잡고 그 의미를 깊게 하는 것은 '끊임없는 철학적 성찰'입니다. 셰에라자드의 지혜가 단순히 재미있는 이야기를 만들어내는 기술 너머, 삶과 죽음, 권력과 저항에 대한 깊은 성찰에 있었듯, 우리의 실천 역시 끊임없이 질문하고 사유하는 과정 속에서 길을 찾아야 합니다. AI 시스템은 모든 것을 계산 가능한 데이터로 바꾸고 효율성이라는 잣대로 평가하려 하지만, 우리는 그 숫자에 포획되지 않는 '다름'과 '개별성', 예술적 창의성이나 우정, 돌봄과 같은 수치화될 수 없는 인간 경험의 고유한 가치를 철학적으로 옹호해야 합니다. 이는 시스템의 논리에 동화되지 않고 '나(정신적 개별화)'와 '우리(집단적 개별화)'의 고유성을 지키려는 노력입니다.

  시스템이 강요하는 효율성, 속도, 편리함이 정말 우리가 추구해야 할 최고의 가치인지, 예를 들어 '더 많은 소통'이 반드시 '더 깊은 관계'를 의미하는지, '더 빠른 정보 접근'이

'더 나은 판단 능력'으로 이어지는지 등 근본적인 질문을 던져야 합니다. 인공지능이 만들어내는 놀라운 결과물 앞에서 그 기술이 가진 윤리적 함의는 무엇인지, 가상현실이나 메타버스가 우리의 현실 인식과 사회적 관계에 어떤 영향을 미치는지,[17] 소셜 미디어가 우리의 자존감이나 정치적 신념 형성에 어떠한 영향을 미치는지 등을 비판적으로 따져 묻는 태도가 필요합니다. 이러한 철학적 성찰이야말로 기술의 화려함이나 유행에 휩쓸리지 않고, 우리가 진정 원하는 대안적 미래를 주체적으로 구상하고 실천하도록 이끄는 나침반이 될 것입니다.

---

[17] 오늘날과 같은 수준의 가상현실, 메타버스 기술이 구현되지 않았던 초기 사이버스페이스와 가상 공동체 환경에서도 사용자의 현실 인식(온라인 정체성 등)과 사회적 관계(가상 공동체, 가상적 친밀감, 정체성 실험 등)에 미치는 영향은 이미 문제적이었다. 리디아 리우는 *The Freudian Robot: Digital Media and the Future of the Unconscious*(2010)에서 정신분석학과 사이버네틱스의 관점에서 현실 인식의 변화와 사회적 관계의 영향을 분석한 바 있다. 이 책에서는 기술에 사회성과 감정을 투사하는 경향의 예시로 조셉 바이첸바움의 챗봇 프로그램 '엘라이자(ELIZA)'와의 상호작용을 설명한다. "그는 엘라이자가 '말하는' 것에 대해, 마치 점쟁이가 자신에게 말하는 것에 그러하듯, 시스템이 실제로 이해하고 있다는 자신의 초기 가설을 확인시켜주는 의미와 해석을 부여한다."(232)

셰에라자드가 매일 밤 술탄 앞에서 자신의 존재 이유와 이야기의 의미를 곱씹었을 것처럼, 우리 역시 끊임없이 스스로에게 물어야 합니다.

"기술은 무엇을 가능하게, 또 무엇을 불가능하게 하는가? 우리는 어떤 기억을 지키고 어떤 미래를 꿈꾸는가?"

미래 기억의 공동 저자 되기

기술 권력에 대한 비판적 분석은 필연적으로 대안적 실천과 미래를 향한 기획으로 나아가야 합니다. AI 시대의 기술적 조건 속에서 스티글러가 강조한 '돌봄care'과 '기여contribution'의 관계를 회복하고, 파괴적인 엔트로피의 힘에 맞서 네겐트로피, 즉 생명과 지식, 연대를 풍요롭게 하는 길을 의식적으로 선택해야 합니다. 이는 기술의 파르마콘적 본성을 끌어안고 비관과 희망 사이의 긴장을 창조적 에너지로 전환하는 길이며, 우리 시대의 필연적인 소명입니다.

AI 시대, 우리는 시스템의 수동적 소비자가 아닌, '미래 기억의 능동적 공동 저자'가 되어야 합니다. 기술적으로 매개된 기억(스티글러의 후성발생적 기억)[18]이 우리의 과거 이해와 미래 설계를 좌우하는 이 시대에, 어떤 과거를 기억하고 어떤 미래를 만들 것인지 주도권을 되찾는 의식적인 기억 투쟁이 필요합니다.

'미래 기억의 능동적 공동 저자'가 된다는 것은 구체적으로 어떤 의미일까요? 몇 가지 차원에서 생각해볼 수 있습니다. 우선, AI가 만드는 '기록'에 도전하는 자세가 필요합니다. AI는 세상을 계산 가능한 데이터로 바꿔서 저장하고 보여주지만, 그 과정에서 수치로 표현하기 어려운 수많은 삶의 경험과 목소리들은 쉽게 지워지거나 무시되기 쉽습니다. 가령, 우리가 매일 보는 뉴스 플랫폼의 인기 기사나 검색어

---

18 '기술/테크닉(Technics/Technique)', '후성발생/에피필로제네시스(Epiphylogenesis)'는 베르나르 스티글러 사상의 핵심 개념이다. 스티글러에게 기술은 인간 외부에 존재하는 단순한 도구가 아니라, 인간의 기억과 지식을 외부화하고 저장하며 전달하는 모든 종류의 조직화된 비유기적 물질이다(언어, 도구, 문자, 이미지, 디지털 데이터 등 포함). 기술은 인간의 기억을 담는 그릇이자 기억을 확장하고 변형시키는 힘이며, 인간이라는 존재를 가능하게 하는 근본 조건이다. 기술(테크닉)을 매개로 외부화된 기억(에피필로제네틱 기억)이 세대를 넘어 전달되고 축적되는 과정을 뜻하는 개념이 후성발생/에피필로제네시스이다. 인간의 문화, 역사, 지식 체계는 모두 이 기술적 기억의 전승 과정을 통해 형성되고 발전한다. 기술 없이는 기억의 세대 전승, 즉 인간 문명 자체가 불가능하다(이재준, 2017: 325~331).

순위는 편리하지만, 그것만으로는 플랫폼 이면에서 우리 사회를 지탱하는 비정규직 배달 노동자의 고된 하루나, 개발 논리에 밀려 사라져가는 작은 마을 공동체의 소중한 이야기는 알기 어렵습니다. 따라서 능동적 공동 저자는 바로 이런 거대 데이터 너머의 이야기, 시스템이 주목하지 않는 평범한 사람들의 구체적인 삶과 목소리를 의식적으로 발굴하고 기록하며 증언하는 사람입니다. 이는 공식적인 기록이나 데이터가 역사의 전부가 아님을 끊임없이 상기시키며,[19] 잊히는 것들에 맞서 인간적인 의미의 '흔적'을 남기려는 중요한 실천이라 할 수 있습니다.[20]

이렇게 과거와 현재를 온전히 기록하는 것을 넘어, 우리는 미래를 스스로 상상하고 만들어갈 힘 또한 길러야 합니

---

19 '대항기억'을 둘러싼 다양한 이론적 검토에 대해선 진은영의 논문을 참고할 수 있다(진은영, 2010).

20 매튜 배틀스는 《흔적을 남기는 글쓰기》에서, 인간이 남기는 '흔적', 특히 시간을 초월하여 아주 먼 미래까지 전달되기를 바라는 메시지에 대해 논하며, 봉헌물(votive offerings)이나 라지오스(LAGEOS) 위성, 보이저(Voyager) 탐사선의 골든 레코드를 예로 든다. 이러한 메시지는 일반적인 글쓰기와 달리, 현재 존재하지 않거나 심지어 인간이 아닐 수도 있는 미지의 독자를 상정한다(배틀스, 2020, 312~313).

다. AI 시스템은 주로 과거의 데이터를 바탕으로 "앞으로 당신은 이걸 좋아할 것이다" 혹은 "사회는 이렇게 될 가능성이 높다"라고 예측retention하며 우리의 생각과 선택의 폭을 은연중에 제한하려 듭니다.[21] 마치 내비게이션 앱이 가장 빠른 길만 보여줌으로 인해서 우리가 주변 풍경을 놓치거나 다른 길을 상상할 기회를 잃어버리게 되는 것과 비슷합니다. 이때 '이야기'가 우리에게 다른 길을 상상할 힘을 줍니다. 이야기는 과거 데이터만으로는 예측할 수 없는 새로운 가능성, 즉 전혀 다른 사회나 삶의 방식을 탐색하고 스스로 미래를 기획하는 능력(기대, protention)을 길러줍니다. 다양한 소설이나 영화가 지금과는 전혀 다른 미래 사회의 모습을 그려 보여주듯이, 이야기는 우리의 상상력을 자극하고, 시스템의 예측을 넘어 다른 미래도 가능하다고 믿게 만드는 핵심 동력입니다.

마지막으로, 기억을 기록하고 미래를 상상하는 활동은 결국 우리가 사용하는 '도구'를 누가 어떻게 통제하느냐의 문

---

[21] '보유(retention)'는 베르나르 스티글러가 단순한 '기억(memory)'과 구분하는 개념이다. 인간의 의식과 시간 경험을 구성하는 근본적인 능력을 의미한다 (Stiegler, 1998: 246~247).

제와 깊이 연결됩니다. 오늘날 우리의 기억과 미래에 대한 상상은 점점 더 거대 플랫폼 기업이 제공하는 서비스, 그들이 설계한 알고리즘, 그들이 구축한 인프라 위에서 이루어집니다. 우리가 어떤 정보를 주로 접하고, 누구와 소통하며, 무엇을 중요하게 기억할지가 이 기술적 환경에 크게 좌우되는 것입니다. 따라서 이 기억의 도구들, 즉 기술 수단들에 대한 민주적 통제권을 확보하기 위한 노력 역시 매우 중요합니다. 예를 들어, 특정 기업이 우리의 데이터를 독점하고 마음대로 활용하는 것에 문제를 제기하거나, 알고리즘의 투명성을 요구하고, 나아가 시민들이 데이터 주권을 가지고 디지털 공유 자원을 함께 만들고 관리하려는 사회적 움직임 등이 바로 여기에 해당합니다.[22]

이 모든 것은 수많은 길과 장소를 그려 넣어 하나의 세계를 완성하는 '미래 기억의 지도'를 우리 손으로 직접 그려나가는 지난한 과정과 같습니다. 이 과정은 불확실성을 끌어

---

[22] 역사적으로 공유지(commons)였던 토지에 울타리를 쳐 사유화한 과정을 의미하는 단어가 '인클로저(enclosure)'이다. 자본주의 AI 비판의 맥락에서는 이 개념이 확장되어, 디지털 시대의 새로운 형태의 공유 자원을 사유화하고 독점하는 과정을 비판적으로 설명하는 데 사용된다(권범철, 2022).

안고 기술의 양면성(파르마콘)과 씨름하며 끊임없이 배우고 적응해야 하는 끝없는 과제임이 분명합니다. 그러나 혁명적 셰에라자드의 지혜와 용기로, 우리는 파괴 대신 창조를, 독점 대신 공유를, 소외 대신 연대를, 엔트로피 대신 네겐트로피를, 그리고 망각 대신 기억을 선택해야 합니다.

이것은 결국 우리 자신과 다음 세대의 문화적 기억, 나아가 공동의 미래를 위해, 용기를 내어 함께 새로운 서사를 구성해나가는 길일 터입니다. 《천일야화》의 셰에라자드가 그러했듯이, 매일 밤 우리가 끈질기게 짓고 들려주는 기억과 희망의 이야기들이 저 거대한 기술 시스템이 강요하는 획일적 망각에 맞서 작지만 의미 있는 균열을 내고, 마침내 다른 가능성의 새벽을 여는 소중한 숨결이 될 수 있기를 기대합니다.

참고문헌

권범철(2022), "피지털계를 공통화하기: 이광석,《피지털 커먼즈: 플랫폼 인클로저에 맞서는 기술생태 공통장》",〈마르크스주의 연구〉19권 1호, 경상국립대학교 사회과학연구원, 124~144.

김재희(2017),《시몽동의 기술철학》, 아카넷.

김정명(2008), "천일야화와 근대 유럽의 낭만적 오리엔탈리즘",〈아랍어와 아랍문학〉12권 1호, 한국아랍어아랍문학회, 189~222.

남진숙(2025), "현대시에 나타난 독의 이미지와 의미 고찰",〈어문학〉167권 9호, 한국어문학회.

매튜 배틀스 지음, 송섬별 옮김(2020),《흔적을 남기는 글쓰기》, 반비.

베르나르 스티글러 지음, 김지현·박성우·조형준 옮김(2019),《자동화사회 1》, 새물결.

신규섭(2010), "페르시아 문학 속의《칼릴라와 딤나》:《천일야화》의 원형을 탐색하며",〈중동문제연구〉9권 1호, 명지대학교 중동문제연구소.

신현우(2024),《알고리즘 자본주의》, 스리체어스.

앤드류 핀버그 지음, 김병윤 옮김(2018),《기술을 의심한다》, 당대.

이재준(2017), "우리 시대의 기술을 읽는 방법: 베르나르 스티글레르의《기술과 시간 1 - 에피메테우스의 실수》",《인문과학연구논총》38권 1호, 명지대학교 인문과학연구소.

임병해(2007), "앤드류 핀버그의 기술철학에 대한 비판적 고찰: 기술민주화 이론을 중심으로", 연세대학교 석사논문.

진은영(2010), "기억과 망각의 아고니즘: 기억의 정치학을 위한 철학적 예비고찰", 〈시대와 철학〉 21권 1호, 한국철학사상연구회.

최우석(2025), " '몸' 없는 인공지능: 인공지능의 한계와 가능성에 관한 현상학적 고찰", 〈현상학과 현대철학〉 104호, 한국현상학회.

홍성욱(2013), "기술결정론과 그 비판자들: 기술과 사회변화의 관계를 통해 본 20세기 기술사 서술 방법론의 변화", 〈서양사연구〉 49호, 한국서양사연구회.

Birhane, A., & Kasirzadeh, J.(2021), "Algorithmic injustice: A relational ethics approach", *Patterns* 2(2).

Dyer-Witheford, N.(2015), *Cyber-Proletariat: Global Labour in the Digital Vortex*, Pluto Press.

Liu, L. H.(2010), *The Freudian Robot: Digital Media and the Future of the Unconscious*, University of Chicago Press.

Manche, S.(2021), "The problem is proletarianisation, not capitalism: a critique of Bernard Stiegler's contributive economy", *Radical Philosophy*.

Stiegler, B.(1998), *Technics and Time, 1: The Fault of Epimetheus*, Translated by R. Beardsworth & G. Collins, Stanford University Press.

4장

AI 시대의 고용 불확실성

직업별 인공지능 노출도와 기업의 기술 도입이 노동시장에 미치는 영향

장지연

장지연

한국노동연구원 선임연구위원. 미국 위스콘신대학교에서 사회학으로 박사학위를 취득하였다. 주요 관심 분야는 사회안전망, 플랫폼노동, 여성노동시장이다. 최근에는 '기술변화와 노동수요'에 관한 연구를 진행 중이다.

오래된 질문: 기술 발전은 고용에 어떤 영향을 미치는가?

"이제 AI가 사람이 하던 일을 거의 다 한다고 하는데, 사람들은 앞으로 무엇을 하며 살아야 하나?"

"일자리가 사라진다고 하는데 내 일자리는 괜찮을까?"

이러한 질문들은 인공지능 기술이 급속도로 발전하는 현재, 많은 사람들이 품고 있는 근본적인 불안을 반영합니다.

그러나 흥미롭게도, 이런 질문은 새로운 것이 아닙니다. 역사적으로 새로운 기술이 등장할 때마다 사람들은 일자리의 운명에 대해 유사한 불안감을 표현해왔습니다. 18세기 산업혁명 시기 증기기관이 등장했을 때, 19세기 철도 네트워크가 확장될 때, 그리고 20세기 중반 컴퓨터가 사무실에 도입되었을 때도 비슷한 우려가 있었습니다. 심지어 건설

현장에서 사람과 포클레인이 직접 경쟁하는 상황도 있었지요. 인간의 노동이 기계나 기술에 의해 대체될 수 있다는 가능성은 기술 발전의 역사와 함께해왔습니다.

이러한 불안에 대응하여, 경제학자들과 사회과학자들은 기술 발전과 고용 간의 관계를 이해하기 위해 수많은 연구를 진행해왔습니다. 그리고, 이들 연구에서 공통적으로 발견된 사실이 있습니다.

미국의 노동경제학자 데이비드 오토David Autor와 그의 연구팀이 2022년에 발표한 연구 결과는 이러한 관계를 시각적으로 명확하게 보여줍니다. 그들은 1940년대부터 2018년까지 미국 노동시장의 변화를 추적한 그래프를 발표했는데, 이 자료는 기술 발전과 일자리 변화에 대한 중요한 통찰을 제공합니다(111쪽 그래프 참조).

그래프에서 녹색 바는 1940년대에 존재했던 일자리의 수를 나타냅니다. 당시에는 농업과 광업 부문의 일자리가 상당히 많았습니다. 2018년에 다시 직종별 일자리 수를 조사한 결과는 회색과 연녹색 바로 표시되어 있습니다. 회색 바는 1940년대에도 있었고 2018년에도 여전히 존재하는 직업의 일자리 수를, 연녹색 바는 1940년대에는 존재하지 않았

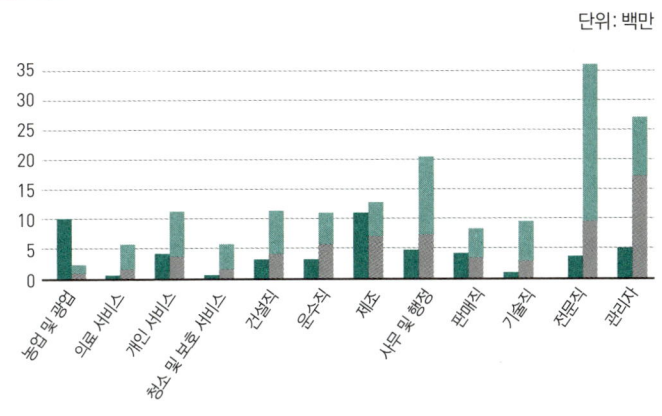

던 새로운 직업에서 일하는 사람들의 수를 나타냅니다.

이 그래프가 말해주는 놀라운 사실은 무엇일까요? 첫째, 농업과 광업 분야를 제외한 모든 직종에서 고용은 증가했습니다. 둘째, 2018년에 존재하는 일자리 중에서 1940년대에도 존재했던 직업의 일자리는 전체의 40%에 불과합니다. 나머지 60%는 그때는 없었던, 이후 새롭게 등장한 직업의 일자리입니다.

이는 기술 발전이 절대적인 수준에서 고용을 감소시키기

보다는, 오히려 새로운 형태의 일자리를 창출하면서 전체 고용 규모를 확대했다는 것을 의미합니다. 한 장의 그래프가 고용의 역사를 압축적으로 보여주고 있는 것입니다. 기술 발전이 있었지만, 절대적인 수준에서 고용 규모가 줄어들지는 않았다는 사실이 명확히 확인됩니다.

하지만 전체적인 고용 규모가 증가했다고 해서 기술 발전으로 인한 모든 영향이 긍정적이었던 것은 아닙니다. 특정 직종과 산업에서는 일자리가 급격히 감소했고, 이로 인해 많은 노동자들이 심각한 피해를 입었습니다. 이는 "기술 발전이 불평등을 심화시키는 것은 아닌가?"라는 두 번째 중요한 질문으로 이어집니다.

기술 발전과 불평등: 두 가지 핵심 이론

이 질문과 관련하여 노동경제학과 기술변화 연구 분야에서는 두 가지 핵심적인 가설이 발전해왔습니다. 이 가설들은 수많은 실증 연구를 통해 반복적으로 검증되면서 이제는 단순한 가설을 넘어 이론으로 인정받는 수준에 이르렀습니다.

첫 번째는 '숙련 편향적 기술 변화Skill-Biased Technological Change'입니다. 이 이론에 따르면, IT 기술과 같은 새로운 기술들은 고숙련 노동자의 생산성을 향상시키고, 그들의 일자리 수요를 증가시킵니다. 즉, 교육 수준이 높고 숙련도가 높은 사람들의 일자리는 기술 발전에 따라 늘어나는 경향이 있으며, 이들의 노동시장 보상(임금)도 함께 증가하게 됩니다. 이는 고학력 집단에게 유리한 노동시장 환경을 조성하는 결과를 가져옵니다.

두 번째는 '루틴 편향적 기술 변화Routine-Biased Technological Change'입니다. 이 이론은 반복적이고 일상화된 작업을 수행하는 직종이 기술에 의해 대체되기 쉽다는 것을 설명합니다. 예를 들어, 제조업 생산 라인의 단순 조립 작업이나 정형화된 사무 처리와 같은 반복적인 업무는 자동화 기술로 대체되기 쉽습니다. 이런 일자리들은 주로 중간 수준의 숙련을 요구하는 경우가 많았기 때문에, 결과적으로 중간 숙련 노동자들이 가장 큰 피해를 입게 되었습니다. 반면, 비반복적이고 복잡한 문제 해결이 필요한 고숙련 직업(예: 의사, 연구원, 고위 경영진)과 육체적 서비스를 제공하는 저숙련 직업(예: 청소, 간병, 대면 서비스)은 상대적으로 자동화의 영향을 덜 받았습니다. 특히 손으로 직접 서비스를 제공하는 업종, 예를 들어 미용사나 요리사, 간병인과 같은 직업들은 기술로 완전히 대체하기가 매우 어렵다고 여겨졌습니다.

이 두 이론이 함께 설명하는 현상은 노동시장의 '양극화polarization'입니다. 중간 수준의 숙련이 필요한 일자리들이 기술에 의해 대체되면서, 노동시장은 고숙련·고임금 일자리와 저숙련·저임금 일자리로 양분되는 경향을 보이게 됩니다. 이러한 양극화는 소득 불평등 심화의 주요 원인 중 하나로 지목되어왔습니다.

이러한 연구 결과들은 기술 발전이 전체 고용을 감소시키지는 않지만, 노동시장의 구조를 변화시키고 불평등을 심화시킬 가능성이 있다는 점을 시사합니다. 사회적 변화에 적응하지 못하는 집단이 큰 피해를 입을 수 있으며, 이는 기술 발전의 혜택이 모든 사람에게 고르게 분배되지 않는다는 것을 의미합니다.

이번에는 다를까? AI 시대의 새로운 도전

그런데 최근 인공지능, 특히 생성형 AI의 등장은 기존의 기술 변화와는 다른 양상을 보이고 있습니다. 물론 AI 기술 자체는 새로운 것이 아닙니다. 인공지능이라는 개념과 연구는 수십 년 전부터 존재해왔습니다. 하지만 2022년 말 챗 GPT와 같은 생성형 AI의 등장은 기술의 활용 방식과 접근성 측면에서 획기적인 변화를 가져왔습니다. 이러한 변화는 많은 사람들로 하여금 AI가 노동시장에 미칠 영향에 대해 새롭게 주목하게 했습니다.

우리는 이제 다시 근본적인 질문을 던지게 됩니다. "이번에는 이전과 다르지 않을까?" 혹은 "이번에는 정말 다른가?"라는 질문입니다. 이 질문은 두 가지 중요한 측면을 내포하고 있습니다.

첫째, 과거와 달리 AI 기술이 절대적인 수준에서의 고용 규모를 실제로 감소시킬 수 있을까요? 지금까지의 기술 발전은 일자리의 총량을 줄이지 않았지만, 이번 AI 혁명은 그 패턴을 깨뜨릴지 모른다는 우려가 있습니다.

둘째, 기존의 기술 발전은 노동시장의 불평등을 심화시켜 왔는데, AI 기술은 이와 다른 양상을 보일 수 있을까요? 다시 말해, 이번 AI 기술 발전이 과거와는 다른 새로운 취약 집단을 만들어낼 가능성이 있다는 것입니다.

특히 주목할 점은, 과거에는 중간 숙련 직업이 자동화의 주요 대상이었던 반면, 이번에는 고학력 전문직까지도 AI에 의해 위협받을 수 있다는 점입니다. 의사, 변호사, 회계사, 금융 전문가와 같이 전통적으로 안정적이고 고임금 직업으로 여겨졌던 직종들도 AI의 영향에서 자유롭지 않을 수 있습니다. 이는 기존의 '숙련 편향적 기술 변화' 이론으로는 설명하기 어려운 현상입니다.

왜 AI 기술의 등장이 이처럼 기존과는 다른 영향을 미칠 것으로 예상되는 걸까요? 그 핵심적인 이유는 AI 기술이 사용되는 방식에 있습니다.

최근의 생성형 AI는 자연어 처리 능력이 비약적으로 향상되어, 사용자가 일상적인 언어로 소통하는 방식으로 쉽게 활용할 수 있습니다. 글을 쓰거나 말을 할 수 있다면 누구나 복잡한 기술적 지식 없이도 AI를 활용할 수 있게 된 것입니다. 또한 AI에 질문을 던지고 답변을 받는 과정이 매우 간편해져, 깊이 있는 전문 지식이나 오랜 훈련 없이도 기존에 축적된 지식과 정보를 쉽게 활용할 수 있게 되었습니다.

이러한 변화는 직업이 요구하는 전문성과 숙련도의 개념을 근본적으로 바꿀 가능성이 있습니다. 과거에는 특정 분야의 전문가가 되기 위해 수년 또는 수십 년의 교육과 경험이 필요했지만, 이제는 AI의 도움으로 전문가 수준의 결과물을 누구나 만들어낼 수 있게 되었습니다. 이는 전문직의 진입 장벽을 낮추고, 아마추어와 프로의 경계를 모호하게 만들 수 있습니다.

결국 우리가 던질 가장 중요한 질문은 "내 일자리는 안전한가?"입니다. 언론에서 자주 등장하는 "고학력자들의 일자리가 위험하다"는 주장이 실제로 어느 정도의 타당성을 갖는지, 그리고 연구자들은 이러한 변화를 어떻게 체계적으로 분석하고 있는지 살펴볼 필요가 있습니다.

AI 노출도: 내 일자리는 안전한가?

이제 조금 더 전문적인 내용으로 들어가보겠습니다. 연구자들은 AI가 직업 세계에 미치는 영향을 정량적으로 측정하기 위해 'AI 노출도_{AIOE: Artificial Intelligence Occupational Exposure}'라는 개념을 개발했습니다. 이는 특정 직업에서 사람이 수행하던 업무를 인공지능이 어느 정도 대체할 수 있는지를 측정하는 지표입니다.

중요한 점은, AI 노출도가 현실에서 실제로 일어나고 있는 상황을 의미하는 게 아니라는 것입니다. 이는 AI가 이론적으로 수행할 수 있는 업무의 최대 범위를 의미합니다. 즉, 기술적으로 가능한 최대 대체 범위를 나타내는 것이지, 현재 얼마나 많은 업무가 실제로 AI에 의해 대체되고 있는지를 나타내는 지표는 아닙니다.

AI 노출도의 발전

의미 있는 AI 노출도 지표를 최초로 개발한 연구자는 프린스턴대학의 에드워드 펠튼Edward Felten 교수입니다. 펠튼은 미국의 직업사전O*NET 데이터를 이용하여 직업별 업무 특성과 최근 발전한 AI 기술의 역량을 비교 분석하여 AI 노출도를 산출했습니다. 이 방법론은 국내에서도 적용되어, 한국고용정보원의 한국직업정보시스템 데이터를 활용한 유사한 연구가 진행되었습니다.

그러나 여기서 중요한 질문이 제기됩니다. 기술적으로 AI가 수행할 수 있다고 해서 사람이 하던 모든 업무가 실제로 AI에게 맡겨질까요? 사회적, 문화적, 제도적 저항은 없을까요? 인간의 삶과 사회는 기술적 가능성만으로 완전히 결정되지는 않습니다. 특히 책임성, 윤리적 판단, 중요한 의사결정이 필요한 업무는 기술적으로 AI가 수행할 수 있다 하더라도, 사회적 합의와 신뢰의 문제로 인해 여전히 인간이 담당하게 될 가능성이 높습니다.

이러한 현실적 측면을 고려한 '조정된 AI 노출도Adjusted AIOE'는 피치넬리Pizzinelli 연구팀에 의해 제안되었습니다. 이 방법론은 직업의 책무성과 중요성을 나타내는 '보완성 지표Complementarity Index'를 개발하고, 이를 기존의 AI 노출도에서 차감하는 방식으로 조정된 노출도를 산출합니다.

조정된 AI 노출도

상위 직업	하위 직업
통신 관련 판매직	의료 진료 전문가
법률 및 감사 사무 종사자	건설 및 채굴기계 운전원
고객 상담 및 기타 사무원	운송 서비스 종사자
통계 사무원	건설구조 기능 종사자
비서 및 사무 보조원	전기공
여행 안내 및 접수 사무원	배관공
회계 및 경리 사무원	경찰·소방 및 교도 종사자
컴퓨터 시스템 및 소프트웨어 전문가	선박 승무원 및 관련 종사자
직물·신발 관련 기계 조작원 및 조립원	건설 기능 종사자
데이터 및 네트워크 전문가	스포츠 및 레크리에이션 전문가

자료: Felten et al.(2021), Pizzinelli et al.(2023), 오삼일 외(2025)에서 재인용.

예를 들어, 의사나 변호사와 같은 전문직 업무는 기술적으로는 AI가 상당 부분 대체할 수 있다고 평가되더라도, 그 결정의 중요성과 책임성을 고려하면 실제로는 인간이 계속 수행할 가능성이 높다는 결론에 이르게 됩니다. 이런 조정 과정은 단순히 기술적 가능성만이 아닌, 사회적 수용성과 현실적 적용 가능성을 함께 고려한다는 점에서 의미가 있습니다.

AI 노출도 연구 결과

한국 노동시장을 대상으로 한 연구에서, 보완성 조정 전의 AI 노출도는 서비스직, 생산직, 단순직에서 낮게 나타나고 전문직과 사무직에서 높게 나타났습니다. 이는 인지능력을 적극적으로 활용하는 직업이 AI로 인해 대체될 가능성이 더 높다는 것을 시사합니다.

그러나 보완성을 고려하여 조정한 AI 노출도 지표에서는 전문직과 관리직의 노출도가 크게 낮아졌습니다. 사무직은 이 조정 후에도 여전히 높은 노출도를 보였습니다. 이는 기술적 대체 가능성과 사회적 수용성을 함께 고려했을 때, 전문직과 관리직은 AI에 의해 완전히 대체되기보다는, AI를 활용하여 업무 효율성을 높이는 방향으로 변화할 가능성이 크다는 것을 의미합니다.

이 분석에서 얻을 수 있는 중요한 함의는, 어떤 일자리가 단순히 AI 노출도가 높다고 해서 모두 같은 운명을 맞이하지는 않는다는 점입니다. AI 노출도가 높고 보완성이 낮은 직업은 '자동화 가능성'이 높은 일자리로, AI 노출도와 보완성이 모두 높은 직업은 '증강 가능성'이 높은 일자리로 분류할 수 있습니다.

'증강 가능성'이 높은 일자리는 AI가 인간의 업무를 완전히 대체하기보다는, 인간이 AI를 도구로 활용하여 업무 생산성과 효율성을 크게 향상시킬 수 있는 직업을 의미합니다. 이는 결국 해당 업무 수행자의 생산성 향상과 임금 상승으로 이어질 가능성이 있습니다.

AI 노출도 측정의 다양한 접근법

AI 노출도를 측정하는 세 번째 주요 방법론은 국제노동기구ILO에서 마이릭Gmyrek이 제안한 방식입니다. 이 방법론의 특징은 직업 단위가 아닌 과업task 단위로 노출도를 평가한다는 점입니다. 이 방법을 응용하여 우리는 과업이 아닌 숙련skills 단위로 AI 노출도를 측정하는 연구를 진행했습니다.

분석 결과, AI 노출도가 높은 숙련으로는 고객지원, 금융 회계, 관리 및 지원, 정보 기술, 홍보 마케팅 등이 도출되었습니다. 반면 AI 노출도가 낮은 숙련으로는 개인돌봄 서비스, 접객 및 식품 서비스, 시설 유지보수 서비스 등이 확인되었습니다. 이는 직접적인 대인 서비스나 물리적 환경과 상호작용하는 업무는 AI가 대체하기 어렵다는 이전 연구 결과들과 일치합니다.

마이릭의 방법론에 따르면, 숙련의 AI 노출도를 직업 단위로 재구성할 수 있습니다. 직업(일자리)은 본질적으로 그 직업에서 요구하는 다양한 숙련의 조합으로 정의될 수 있기 때문입니다. 우리 연구팀은 온라인 채용공고 데이터를 활용하여 직종별로 요구되는 숙련 목록을 체계적으로 정리하고, 각 직업에서 요구하는 여러 숙련의 AI 노출도 평균과 표준편차를 계산했습니다.

이 분석에서 평균이 높고 표준편차가 작은 직업은 자동화될 가능성이 높다고 해석할 수 있습니다. 이는 해당 직업에서 요구하는 모든 숙련이 AI에 의해 대체 가능하다는 것을 의미하기 때문입니다. 반대로, 노출도 평균이 낮고 표준편차가 큰 직업은 '증강 가능성'이 높은 일자리로 해석됩니다. 이는 그 직업에서 요구하는 숙련 중 일부만 AI가 대신할 수 있다는 뜻으로, 이런 직업은 완전히 사라지기보다는 인간과 AI의 협업을 통해 업무 방식이 변화하고 생산성이 향상될 가능성이 있다고 해석할 수 있습니다.

예를 들어, 변호사 직업을 생각해봅시다. 판례 검색과 법률문서 초안 작성 같은 업무는 AI가 효율적으로 수행할 수 있지만, 고객 상담이나 법정에서의 변론과 같은 업무는 여전히 인간의 영역으로 남을 가능성이 높습니다. 이런 경우, 변호사라는 직업은 사라지기보다는 AI와 협업하는 방식으로 변화하면서 더 높은 생산성을 달성할 수 있을 것입니다.

우리 분석 결과, 한국 노동시장에서 자동화 가능성이 높은 일자리는 전체의 약 23.8%, 증강 가능성이 높은 일자리는 약 8.4%로 나타났습니다. 특히 서비스직과 돌봄 관련 전문직, 일부 생산직이 증강 가능성이 높은 것으로 분석되었습니다. 단, 이 분석은 순수하게 기술적 특성만을 고려한 것으로, 앞서 언급한 사회적, 문화적 저항이나 제도적 보호 요소는 포함하지 않았습니다.

자동화 가능성과 증강 가능성이 높은 직업군

자동화 가능성이 높은 직업군으로는 행정·경영·금융·보험 관리자, 건설·채굴·제조·생산 관리자, 경영·인사 전문가, 광고·조사·상품기획·행사기획 전문가, 경영지원 사무원, 무역·운송·생산·품질 사무원, 금융·보험 전문가, 자연과학 연구원 및 시험원, 생명과학 연구원 및 시험원, 컴퓨터 하드웨어·통신공학 기술자, 컴퓨터 시스템 전문가, 소프트웨어 개발자, 데이터·네트워크 및 시스템 운영 전문가, 전기·전자공학 기술자 및 시험원, 화학공학 기술자 및 시험원, 섬유공학 기술자 및 시험원, 식품공학 기술자 및 시험원, 장학관 및 기타 교육 종사자, 작가·통번역가, 판매 종사자, 정보통신기기 설치·수리원 등이 포함됩니다.

반면, 증강 가능성이 높은 직업군에는 의회 의원·고위 공무원 및 기업 고위 임원, 유치원 교사, 간호사, 의료기사·치료사·재활사, 보건·의료 종사자, 결혼·장례 등 예식 서비스원, 항공기·선박·열차 객실승무원, 숙박시설 서비스원, 물품이동장비(크레인·호이스트·지게차) 조작원, 택배원 및 기타 운송 종사자, 건설·채굴 기계 운전원, 운송장비 조립원, 단조원 및 주조원, 용접원, 목재·펄프·종이 생산 기계

조작원, 악기·간판 및 기타 제조 종사자, 작물 재배 종사자, 임업 종사자, 어업 종사자 등이 포함됩니다.

이러한 분석 결과를 종합하면, AI 노출도는 단순히 'AI가 업무를 대체할 수 있다면 일자리가 사라진다'는 단선적인 관점을 넘어서, 훨씬 더 복합적이고 현실적인 접근이 필요하다는 것을 알 수 있습니다. 실제로 직업의 숙련 특성skill characteristics을 AI 노출도와 연계하여 분석한 결과, 반복적인 인지적 업무routine cognitive tasks는 AI와 매우 높은 상관관계를 보이며 대체 가능성이 높은 반면, 비일상적이고 사회적 상호작용이 필요한 업무는 AI로 대체되기 어렵다는 결론이 여러 연구를 통해 일관되게 확인되고 있습니다.

한국 노동시장 전체를 대상으로 한 분석 결과, 전체 일자리의 약 25%는 자동화 가능성이 높고, 또 다른 약 25%는 증강 가능성이 높은 것으로 나타났습니다. 특히 전문직은 초기에는 AI 노출도가 높게 평가되지만, 보완성과 책임성 등을 고려한 조정된 지표에서는 증강 가능성이 높은 일자리로 분류되는 경향이 있습니다. 반면, 사무직 직종은 대부분의 분석에서 자동화 가능성이 일관되게 높게 나타났습니다.

국제 비교연구 결과를 보면, 한국은 다른 국가들에 비해 자동화와 증강 가능성이 모두 높은 국가로 분류됩니다. 이는 한국 노동시장의 구조적 특성과 산업 구성, 그리고 기술 수용성과 관련이 있을 것으로 추정됩니다.

산업 AI: 기업의 AI 도입률과 고용 영향

지금까지 우리는 직업 단위에서 AI의 영향을 살펴보았습니다. 그러나 AI가 실제 노동시장에 미치는 영향을 이해하기 위해서는 기업들이 얼마나 적극적으로 AI를 도입하고 있는지도 함께 살펴볼 필요가 있습니다.

기업의 AI 도입 현황

최근 들어 AI에 대한 관심과 논의가 폭발적으로 증가하고 있지만, 실제로 기업 차원에서 AI를 체계적으로 도입하는 경우는 아직 상대적으로 제한적입니다. 여기서 '도입'이란 개별 근로자가 개인적으로 AI 도구를 활용하는 것이 아니라, 기업이 조직 차원에서 AI 시스템을 구축하고 업무 프로세스에 통합하는 것을 의미합니다.

기업들은 다양한 목적으로 AI를 활용하고 있습니다. 시장 예측, 공급망 관리, 연구개발, 제품 디자인, 정보 보안, 산업 안전, 직원 교육훈련 등 거의 모든 비즈니스 영역에서 AI의 적용 가능성이 탐색되고 있습니다. 하지만 AI 도입 현황에 대한 체계적인 조사는 아직 초기 단계에 있으며, 데이터 수집 방법론도 계속 발전하고 있습니다.

기업의 AI 도입 여부를 판단하는 방법으로는 설문조사를 통한 직접조사, AI 관련 특허 출원 및 취득 데이터 분석, 구인공고에 나타난 AI 관련 숙련 요구 분석 등이 활용됩니다. 특히 구인공고 분석은 실시간으로 노동시장의 변화를 파악할 수 있다는 장점이 있어, 많은 연구에서 활용됩니다.

한국을 비롯한 여러 국가의 조사 결과를 보면, 전반적으로 기업의 AI 도입률은 아직 낮은 수준입니다. 특히 한국은 중소기업 비중이 높아 전체 기업 수 기준으로는 도입률이 낮게 나타나지만, 규모가 큰 기업(예: 근로자 수 1천 명 이상)의 경우 2023년 기준으로 약 40% 이상이 이미 AI를 도입한 것으로 조사되었습니다. 이는 근로자 수 기준으로 보면 이미 상당히 많은 노동자들이 직간접적으로 AI의 영향을 받고 있다는 것을 의미합니다.

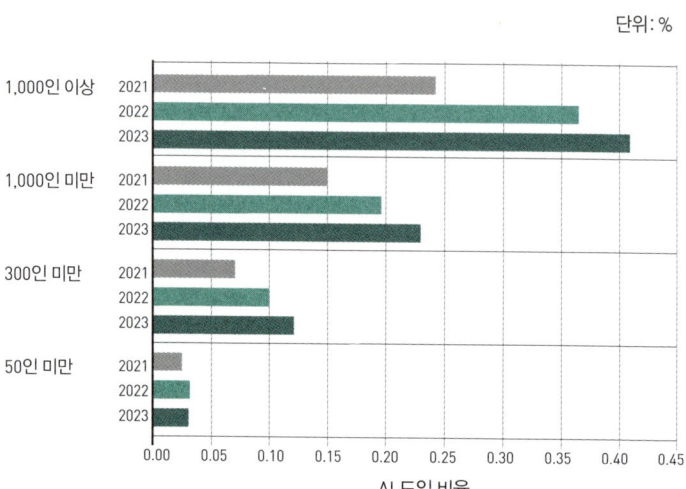

AI 도입과 고용의 관계

AI 도입이 실제 고용에 미치는 영향에 대해서는 아직 명확한 결론이 나오지 않았습니다. 현재까지의 연구에서는 AI를 도입한 기업이 반드시 고용을 감소시키는 경향을 보이지는 않는 것으로 나타났습니다. 이는 AI 기술이 아직 초기 단계에 있으며, 대부분의 기업들이 AI를 도입하는 주된 목적이 인력 대체보다는 서비스 품질 개선과 생산성 향상에 있기 때문일 수 있습니다.

그러나 장기적 관점에서는 상황이 달라질 가능성이 있습니다. AI 기술이 더욱 발전하고 성숙해지면서, 기업들은 점차 인력 대체 효과를 더 적극적으로 고려할 수도 있습니다. 과거 자동화 기술의 도입 과정에서도 초기에는 생산성 향상 효과가 주로 나타나다가, 기술이 성숙하고 확산되면서 점차 인력 대체 효과가 강화되는 패턴이 관찰되었습니다.

또한, AI와 같은 신기술이 실제 기업 현장에 완전히 채택되기까지는 상당한 시간이 걸린다는 점도 고려해야 합니다. 이를 기술 확산의 지연adoption lag이라고 합니다. 과거 컴퓨터와 인터넷 기술의 보급 사례를 보면, 기술의 등장과 실제 기업 현장에서의 완전한 활용 사이에는 10~20년의 시간차가 존재했습니다. AI 역시 사용자 수 증가 속도와 별개로, 기업 차원의 완전한 도입과 통합까지는 적지 않은 시간이 소요될 수 있습니다.

마지막으로, 개별 기업 수준에서 고용 감소가 관찰되지 않는다고 해도, 산업 전체 차원에서는 다른 양상이 나타날 수 있습니다. AI를 효과적으로 도입하지 못한 기업은 경쟁력을 잃고 시장에서 도태될 가능성이 큽니다. 이 경우, 해당 기업의 일자리는 모두 사라지게 됩니다. 따라서 AI가 노동시장 전체에 미치는 영향은 개별 기업 수준의 분석만으로는 충분히 파악하기 어려울 수 있습니다.

결론적으로, AI 도입과 고용의 관계는 복잡하고 다층적인 현상으로, 단기적 효과와 장기적 효과가 다를 수 있으며, 개별 기업 수준과 산업 전체 수준에서의 영향도 다를 수 있습니다. 또한 기술의 성숙도와 확산 속도, 기업의 도입 목적과 전략, 노동시장의 구조적 특성 등 다양한 요인들이 복합적으로 작용하기 때문에, 앞으로 더 많은 연구와 모니터링이 필요한 영역입니다.

우리는 무엇을 준비해야 하는가?

기술의 발전과 그에 따른 사회 변화는 인류 역사에서 항상 중요한 주제였습니다. 증기기관, 전기, 자동차, 컴퓨터, 인터넷, 그리고 이제 인공지능까지 — 이러한 혁신적 기술들은 인간의 삶과 사회구조에 근본적인 변화를 가져왔습니다.

기술 발전의 불가피성과 우리의 대응

이 기술들 중에서 인류의 삶에 가장 큰 영향을 미친 것은

인공지능은 어떤 기술 경험과 비슷할까?

1 증기기관 2 자동차 3 원자력발전 4 컴퓨터

무엇일까요? 단순히 편리함이나 생산성 향상만을 기준으로 본다면 답이 다양할 수 있겠지만, 만약 인명 피해를 기준으로 한다면 자동차가 가장 큰 영향을 미쳤다고 할 수 있습니다. 자동차 사고로 인한 사망자 수는 전쟁으로 인한 사망자 수보다 많다는 통계가 있을 정도입니다.

흥미로운 점은, 자동차가 초기에 등장했을 때부터 그 위험성이 예측되었다는 것입니다. 사람의 목숨을 앗아갈 위험이나 마부의 일자리를 잃게 할 것에 대한 우려가 있었고, 이를 막기 위한 여러 규제와 장치가 마련되기도 했습니다. 그럼에도 불구하고 자동차는 현대사회의 필수 요소가 되었고, 우리는 그 위험성을 인지하면서도 자동차와 함께 살아가는 방법을 찾았습니다.

이는 AI에 대해서도 시사하는 바가 큽니다. 제가 이런 비유를 드리는 이유는, 솔직히 저는 기술 발전의 흐름에 대해 다소 비관적인 견해를 가지고 있기 때문입니다. 새로운 기술이 위험하다는 점을 알면서도, 심지어 그런 기술이 없는 편이 인류에게 더 행복할 수도 있다는 점을 인지하면서도, 인류는 결국 그 방향으로 나아갈 수밖에 없다는 것입니다.

AI도 마찬가지입니다. 아무리 위험성과 부작용이 지적되더라도, 결국 사람들은 AI를 선택하고 활용할 것입니다. 기술의 발전을 완전히 막거나 되돌리는 것은 현실적으로 불가능합니다. 따라서 우리가 할 수 있는 현실적인 대응은 기술 발전의 부작용을 최소화하고, 그 혜택을 최대한 많은 사람들이 누릴 수 있도록 노력하는 것입니다.

AI 시대의 노동과 역량 변화

AI가 등장하면 사람의 일을 대신하게 되는 것은 분명합니다. 특정 산업과 직종에서는 일자리가 줄어들 수 있고, 이전에 없던 새로운 직업이 생길 수도 있습니다. 또한, 같은 직업이라 할지라도 일하는 방식은 크게 달라질 것입니다.

무엇보다 중요한 변화는 각 개인에게 요구되는 역량과 기술의 성격이 이전과는 근본적으로 달라질 수 있다는 점입니다. 지금까지의 교육과 직업훈련 시스템은 특정 분야의 전문 지식과 기술을 깊이 있게 습득하는 것을 중심으로 설계되어왔습니다. 그러나 AI 시대에는 이러한 전통적인 '깊이'보다는 다양한 분야를 넘나들며 통합적으로 사고할 수 있는 '넓이', 그리고 AI와 효과적으로 협업할 수 있는 '융합' 능력이 더 중요해질 수 있습니다.

예를 들어, 과거에는 의학 지식만 깊이 있게 습득하면 훌륭한 의사가 될 수 있었지만, 앞으로는 의학 지식뿐만 아니라 AI 기술을 이해하고 활용할 수 있는 능력, 환자와의 공감 능력, 윤리적 판단 능력 등이 더욱 중요해질 것입니다. 변호사 역시 단순히 법률 지식을 습득하는 것을 넘어, AI를 활용한 법률 검색과 분석, 고객과의 소통과 협상 능력 등이 핵심 역량으로 부각될 것입니다.

이런 변화는 개인의 노력만으로 대응하기 어렵습니다. 교육 시스템과 직업훈련 프로그램, 그리고 노동시장 제도가 함께 변화해야 합니다. 학교 교육은 암기와 지식 전달 중심에서 비판적 사고력, 창의성, 문제 해결 능력, 협업 능력 등을 키우는 방향으로 전환될 필요가 있습니다. 직업훈련은 평생 학습을 지원하는 체계로 재설계되어야 하며, 노동시장의 안전망은 더욱 강화되어야 합니다.

미래를 위한 사회적 준비

개인적 차원에서는 자신의 직업과 역량이 AI 시대에 어떻게 변화할지 적극적으로 고민하고 준비하는 자세가 필요합니다. 특히 자동화 가능성이 높은 직종에 종사하는 사람들은 미리 대비하는 것이 중요합니다. 그러나 이러한 준비는 단순히 기술적 숙련을 쌓는 것에 그치지 않고, AI와 협업할 수 있는 능력, 변화에 유연하게 대응할 수 있는 적응력, 그리고 AI가 대체하기 어려운 인간 고유의 능력(창의성, 공감 능력, 복잡한 문제 해결 능력 등)을 개발하는 방향으로 이루어져야 합니다.

사회적 차원에서는 기술 변화로 인한 충격을 완화하고, 그 혜택이 특정 계층에만 집중되지 않도록 하는 정책적 노력이 필요합니다. 기본소득과 같은 새로운 사회 안전망 개념의 도입, 노동시장 이행을 지원하는 적극적 노동시장 정책의 강화, 평생 교육 시스템의 확충 등이 논의될 필요가 있습니다.

또한, AI 기술 자체의 발전 방향에 대해서도 사회적 논의와 합의가 필요합니다. AI의 발전 속도와 적용 범위, 윤리적 가이드라인, 규제 체계 등에 대한 공론화가 이루어져야 합니다. 이를 통해 기술 발전의 부작용은 최소화하면서 그 혜택은 사회 전체가 고르게 누릴 수 있는 방향으로 AI 기술이 발전할 수 있도록 해야 합니다.

결론적으로, AI 시대의 고용 불확실성에 대응하기 위해서는 개인적 준비와 사회적 대응이 함께 이루어져야 합니다. 우리는 기술 발전을 멈출 수는 없지만, 그것이 우리 사회에 미치는 영향의 방향과 크기는 우리의 선택과 준비에 따라 달라질 수 있습니다. 기술 발전이 인간의 삶을 더 풍요롭고 의미 있게 만드는 방향으로 나아갈 수 있도록, 지금부터 깊이 있는 성찰과 활발한 논의를 시작해야 할 때입니다.

질의응답으로부터 얻는 추가적 통찰

지금까지 AI 시대의 고용 불확실성에 대해 다양한 측면에서 살펴보았습니다. 이 주제에 대한 보다 깊이 있는 이해를 위해, 실제 현장에서 제기된 몇 가지 중요한 질문들과 그에 대한 응답을 통해 추가적인 통찰을 얻어보고자 합니다.

AI 과의존 문제와 기술 발전의 통제 가능성

Q 고용과 관련된 AI의 활용에 대해 말씀해주셨는데요, 저는 여기서 한 걸음 더 나아가 AI에 대한 '과의존' 문제를 어떻게 생각하시는지 여쭙고 싶습니다.

A AI 기술이 빠르게 발전하면서 '과의존' 문제에 대한 우려가 커지고 있습니다. 우리 사회가 AI에 지나치게 의존하게 될 경우, 기술적 오류나 시스템 실패가 발생했을 때 감당하기 어려운 위험에 노출될 수 있습니다. 또한, 인간의 판단

과 결정 능력이 약화되고, 창의성과 비판적 사고력이 퇴화할 가능성도 있습니다.

그러나 이러한 과의존 문제를 효과적으로 통제하거나 조율할 수 있는 주체가 현실적으로 존재할 수 있을지는 의문입니다. 개별 기업 차원에서는 경쟁 압력 때문에 AI 기술 개발과 도입 속도를 늦추기 어렵습니다. 한 기업이 속도를 늦추면 경쟁사가 앞서가게 되고, 결국 시장에서 도태될 위험이 있기 때문입니다.

국제적 차원에서도 비슷한 문제가 존재합니다. 각국 정부와 기업들이 AI 개발 경쟁에서 뒤처지지 않기 위해 대규모 투자를 하고 있는 상황에서, 어느 한 국가가 독자적으로 AI 발전 속도를 조절하기는 쉽지 않습니다. 또한, 무엇이 '과도한' 의존인지 정의하는 것조차 복잡한 문제입니다.

이런 상황에서, 기술 발전의 속도와 방향을 사회적으로 조율할 수 있는 효과적인 거버넌스 체계를 구축하는 것이 중요한 과제로 남아 있습니다. 국제적 협력과 규제 체계, 기업의 자발적 윤리 지침, 시민사회의 감시와 참여 등 다양한 층위에서의 접근이 필요할 것입니다.

AI와 제조업, 안전 관리의 변화

Q 기업 현장, 특히 소상공인과 같은 소규모 사업장이나 1인 경영체의 경우, AI 시스템 활용이 아직 부족하다고 하셨는데요, 이런 상황에서 제조업이나 현장직에서 품질관리나 생산 시스템에 AI를 적용했을 때 어떤 직접적인 도움을 줄 수 있는지 고민해보아야 하지 않을까요?

A AI는 제조업과 산업 현장에서도 중요한 변화를 가져오고 있습니다. 특히 품질관리, 예측 정비, 공정 최적화, 안전 관리 등의 영역에서 AI의 활용이 확대되고 있습니다. 이러한 변화는 생산성 향상과 비용 절감을 가져오는 동시에, 일부 직무의 자동화로 인한 일자리 변화도 수반합니다.

특히 산업안전 분야에서 AI의 역할이 주목받고 있습니다. AI 시스템은 수많은 센서와 카메라를 통해 수집된 데이터를 실시간으로 분석하여 잠재적 위험 요소를 식별하고, 사고 발생 가능성을 사전에 예측할 수 있습니다. 이는 작업장의 안전성을 크게 향상시키는 데 기여할 수 있습니다.

또한, 원격지에 위치한 시설이나 위험한 환경에서의 작업에도 AI와 로봇 기술이 적극 활용되고 있습니다. 예를 들어,

심해 석유 시추 플랫폼이나 원자력 발전소와 같은 고위험 시설에서는 AI를 활용한 원격 모니터링과 제어 시스템이 인간 작업자의 안전을 보장하는 중요한 역할을 합니다.

이처럼 AI는 제조업과 산업 현장에서 인간의 업무를 완전히 대체하기보다는, 위험하고 반복적인 업무를 자동화하고 인간 작업자의 의사결정을 지원하는 방향으로 발전하고 있습니다. 이는 궁극적으로 더 안전하고 효율적인 작업 환경을 만드는 데 기여할 수 있습니다.

세대 간 디지털 격차와 청년 세대의 과제

Q 지금 AI는 우리 사회에 빠르게 자리 잡고 있으며, 앞서 자동차의 사례를 들어 말씀하신 것처럼 문제점이 있음에도 불구하고 앞으로 계속 발전할 것으로 보입니다. 이런 상황에서 이제 막 사회에 진출하는 청년들은 어떻게 해야 할까요? AI로 인해 증강될 일자리를 미리 준비하는 것이 필요한가요?

A AI 시대에는 기존 노동자와 새롭게 노동시장에 진입하는 청년 세대 사이의 디지털 격차 문제도 중요한 도전과제

입니다. 특히 AI를 효과적으로 활용할 수 있는 능력이 노동시장에서의 경쟁력을 좌우하게 될 경우, 이러한 격차는 더욱 심화될 가능성이 있습니다.

청년 세대의 경우, 디지털 기술에 대한 친숙도는 상대적으로 높을 수 있지만, 그것이 곧바로 AI 시대에 필요한 역량으로 이어지지는 않습니다. AI와 효과적으로 협업하고 이를 통해 가치를 창출하는 능력은 단순한 디지털 리터러시를 넘어서는 복합적인 역량을 요구합니다.

미래의 노동시장에서 경쟁력을 갖추기 위해 청년들은 세상을 보다 유연하고 열린 자세로 바라보는 태도를 키울 필요가 있습니다. 특정 직업이나 분야에 고정된 경력 경로를 상정하기보다는, 빠르게 변화하는 환경에 적응하고 다양한 분야와 기술을 융합할 수 있는 능력이 중요해질 것입니다.

또한, 전통적인 '좋은 직업'에 대한 관념도 재고할 필요가 있습니다. 과거에는 안정성과 높은 소득을 보장하던 전문직들도 AI의 영향으로 크게 변화할 수 있습니다. 오히려 AI가 대체하기 어려운 창의성, 공감 능력, 복잡한 문제 해결 능력 등을 요구하는 직업들이 새롭게 주목받을 수 있습니다.

직업 변화의 시간적 차원과 대응 전략

Q 자동화 가능성이 높은 직업과 관련된 질문을 드리고 싶습니다. 만약 특정 직업이 AI로 인해 자동화 가능성이 높아진다면, 새로운 숙련을 갖추는 데에는 어느 정도 시간이 필요할지, 그리고 자동화가 이루어질 때까지 우리는 어떻게 대비해야 하는지 궁금합니다.

A AI로 인한 직업 변화가 어느 정도의 시간 내에 일어날 것인지, 그리고 이에 어떻게 대비해야 하는지는 많은 사람들의 관심사입니다. 이에 대해서는 직종마다 상황이 크게 다를 수 있습니다.

일반적으로 기업의 AI 도입 속도는 우리가 예상하는 것보다 느린 경향이 있습니다. 기술의 발전 속도와 실제 현장에서의 도입 속도 사이에는 상당한 시차가 존재합니다. 이는 기술적 문제뿐만 아니라 조직 문화, 인프라 투자, 직원 교육, 규제 대응 등 다양한 요인 때문입니다.

그러나 특정 분야에서는 AI 도입이 이미 빠르게 진행되고 있는 것도 사실입니다. 예를 들어, 텔레마케팅, 고객 서비스, 데이터 처리 등의 직종에서는 AI에 의한 대체가 상당히 진행되고 있습니다. 이런 직종에서 일하고 계신 분들은 보다 적극적으로 대비할 필요가 있습니다.

평생직장이라는 개념이 사라진 현대사회에서, 누구나 직장을 옮기거나 경력 전환을 경험할 가능성이 있습니다. 따라서 국가에서 제공하는 직업훈련 프로그램이나 재교육 기회를 적극 활용하고, 현재의 업무 외에도 추가적인 역량을 꾸준히 개발해나가는 것이 중요합니다. 특히 자신의 분야에서 AI를 어떻게 활용할 수 있는지 배우고, AI와 협업하는 능력을 키우는 것이 효과적인 대응 전략이 될 수 있습니다.

5장

AI와 공공서비스

고 진

고 진

국가인공지능위원회 산업·공공분과 위원장. 초대 디지털플랫폼정부위원회 위원장을 역임하였다. AI, ICT 및 디지털 혁신 전문가로서 국가 R&D 혁신, 규제 개혁, 융합기술 개발, 인터넷 정책 등과 관련된 다양한 위원회 활동을 수행해왔다.

저는 산업과 공공, 두 분야에서의 인공지능AI 전환을 책임지고 있습니다. 오늘 이 자리를 빌려 여러분과 함께 AI가 어떻게 공공서비스의 혁신을 선도하고 있는지, 그리고 이러한 혁신을 가능케 하는 디지털플랫폼정부의 개념과 중요성, 나아가 구체적인 구축 방향에 대해 살펴보고자 합니다.

간략한 AI 발전사

먼저, AI의 발전 과정을 역사적 맥락에서부터 차근차근 짚어보겠습니다. AI 연구는 이미 1950년대부터 시작되었습니다만, 초기 연구는 매우 이론적이고 추상적인 수준에 머물러 있었습니다. 그 이유는 당시의 컴퓨터 성능이 AI를 구현하기에 턱없이 부족했기 때문입니다. 당시에는 이론적으로 가능성을 탐색하는 것조차도 쉽지 않았습니다.

뉴럴 네트워크neural network는 사실 1960~1970년대부터 연구되기 시작하여 1980년대에 큰 주목을 받았고, 1990년대 초까지 활발히 연구되었습니다. 그러나 당시에는 컴퓨터의 용량과 처리 속도가 너무 부족해 복잡한 계산을 수행할 수 없었습니다. 하지만 반도체 기술의 발전으로 컴퓨터의 메모리 용량이 늘어나고 프로세서의 속도도 빨라지면서 2000년대 이후 뉴럴 네트워크 연구가 급속도로 발전했습니다.

하드웨어 이후의 문제는 데이터였습니다. 마침 일반인들이 인터넷을 적극적으로 활용하기 시작한 시기였고, 이후 SNS와 스마트폰이 등장하면서 어마어마한 양의 데이터가 쏟아져 나왔습니다. 이 데이터 덕분에 머신 러닝machine learning이 더욱 발전해 오늘날과 같은 AI가 가능해졌습니다.

하지만, 하드웨어와 데이터 문제가 해결되었음에도 2010년대까지 챗GPT와 같은 모델을 보지는 못했습니다. 당시 기술과 알고리즘에 한계가 있었기 때문입니다. 이 한계를 극복한 중요한 세 가지 요소가 있습니다.

첫 번째는 트랜스포머Transformer입니다. GPT도 트랜스포머라는 것을 원어 'Generative Pre-trained Transformer'에서 알 수 있습니다. 이 모델은 기존 알고리즘과 달리 문장을 읽으면서 학습하는 방식으로, 훈련이 훨씬 용이합니다. 구글이 이를 발표하고 전 세계에 공유했습니다.

두 번째는 'Attention'입니다. 이는 2017년 구글 브레인이 트랜스포머 구조를 발표한 논문 제목이기도 합니다. 이 논문에서 AI 훈련 시 입력 데이터의 크기와 범위가 얼마나 중요한지 강조했습니다. 페이지 하나의 데이터를 학습하는 것과 책 한 권 전체의 데이터를 학습하는 것은 질적으로 매우 다릅니다.

세 번째는 오픈AI OpenAI 의의 등장입니다. 오픈AI는 이전까지 상상하지 못했던 거대한 규모의 프로젝트를 수행했습니다. 챗GPT-3는 무려 1,750억 개의 파라미터로 구성된 모델입니다. 이 모델의 성공은 규모를 크게 확장했기 때문에 가능했습니다.

아직 우리는 왜 이런 모델이 성공했는지 명확히 알지 못합니다. 그 원리를 이해하고 AI의 안전성을 확보하기 위해 노력하는 팀들이 존재하며, 잘못된 정보 생산을 방지하려는 연구 또한 진행 중입니다. 여전히 AI는 블랙박스 상태이며, 이는 우리가 풀어나가야 할 숙제라고 할 수 있습니다.

기업의 AI 도입

세계적으로 챗GPT-3.5가 2022년 말에 출시된 이래, 2023년부터 2024년까지 세계 주요 기업들의 AI 도입률은 55%에서 72%로 빠르게 증가했습니다. 여기서 72%라는 수치는 전체 기업 중 최소한 하나의 AI 기술을 활용하고 있는 기업 비율을 나타냅니다. 즉, 100개 기업 중 72개가 하나 이상의 AI 기술을 사용하고 있다는 의미입니다.

특히 챗GPT-3.5가 출시된 이후, 생성형 AI Generative AI를 도입한 기업이 크게 증가했습니다. 조사에 따르면 2023년 기업 100곳 중 33곳이 새롭게 생성형 AI를 도입하기 시작했습니다.

2024년에는 생성형 AI를 사용하는 기업 비율도 증가하여, 전체 기업 중 60% 이상으로 확장되었습니다. 여기서 언급한 생성형 AI는 대형 언어 모델 LLM을 포함합니다.

다음 그래프는 AI의 도입 속도와 그 영향력을 나타낸 그래프입니다. 그래프의 1번 영역은 AI 도입 속도가 빠르면서도 큰 영향을 미치는 분야를 나타냅니다. 주로 서비스 업종이 이에 해당합니다.

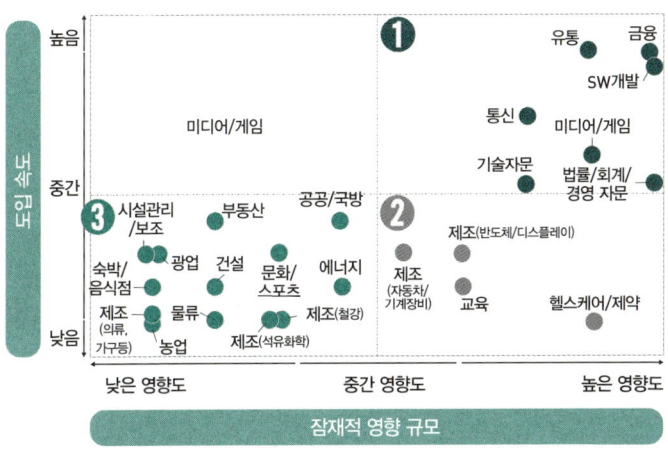

자료: 베인앤컴퍼니, "AI 도입 확대에 따른 영향 전망"(과기정통부).

많은 사람들이 AI로 인해 일자리를 잃을까 걱정하지만, 당분간 AI는 일자리를 대체하는 것보다 생산성을 높이는 데 활용될 것입니다. 그리고 향후 비용 측면에서 AI가 가장 먼저 대체할 일자리는 임금이 높은 서비스 분야일 것입니다. 초기 AI 적용 비용이 높기 때문에 인건비가 높은 분야에서부터 먼저 도입이 이루어지는 것입니다. 예를 들어 금융, 법률, 회계, 경영자문 분야의 도입 속도가 가장 빠릅니다. 임금이 높은 업무부터 AI가 담당하게 되는 것입니다. 그러나 대표 변호사나 대표 회계사와 같은 핵심 인력은 AI로 대체되지 않습니다. 대신 이들 아래에서 지원 업무를 수행하는 보조 인력들의 역할이 AI로 대체될 가능성이 높습니다.

소프트웨어 개발 분야 또한 AI의 영향을 크게 받습니다. 소프트웨어는 프로그래밍 언어를 기반으로 하며, 프로그래밍 언어는 자연어보다 훨씬 정제된 형태이므로 LLM이 매우 잘 수행할 수 있는 영역입니다. 하지만 이것이 소프트웨어 엔지니어가 완전히 사라질 것을 의미하지는 않습니다. 오히려 개발 속도를 높이고, 생산성을 향상시켜 더 많은 일을 처리할 수 있게 만들어줄 것입니다.

한편 2번 영역의 제조업과 교육 분야는 AI 도입 속도가 상대적으로 느리지만, 그 영향력은 매우 클 것입니다. 이 외에 3번 영역의 의류 및 가구 제조, 농업, 물류, 숙박 및 음식점 분야의 경우 AI 도입 속도가 느리고 그 영향력 또한 제한적이지만, 현실에서 몇몇 분야는 그래프와 다릅니다. 실제로 미국의 농업 분야에서 존디어 John Deere와 같은 기업들이 농기계에 AI를 적극 도입하여 생산성을 크게 높이고 있습니다.

디지털플랫폼정부의 역할

디지털플랫폼정부를 설립한 주요 목적은 두 가지입니다. 첫 번째는 국민들이 민간 기업에서 받는 수준의 디지털 및 AI 서비스를 정부에서도 동일하게 받을 수 있도록 하는 것입니다. 두 번째는 코로나-19 시기에 드러난 정부의 문제 해결 역량 부족을 민간의 디지털 기술과 AI를 활용하여 개선하고자 하는 것입니다. 코로나-19 시기에도 마스크 대란, 백신 예약, 재난지원금 지급 등의 과제를 맞아 민간 기술의 도움을 받아 어려움을 극복할 수 있었습니다. 민간의 우수한 디지털 기술과 AI 기술을 정부 서비스에 접목하여 혁신을 이루려는 것이 바로 디지털플랫폼정부의 핵심 의도입니다.

대한민국의 전자정부가 세계 1위일까요? 흔히 UN 전자정부 평가에서 대한민국이 1위라고 알려져 있지만, 사실 지난 10여 년간 우리나라는 1위를 하지 못했습니다. 최근 평가에서 2위를 유지하다가 현재는 3위로 내려간 상태이며, 현재 1위는 덴마크입니다.

우리나라는 빠른 속도로 전자정부를 구축하기 위해 많은

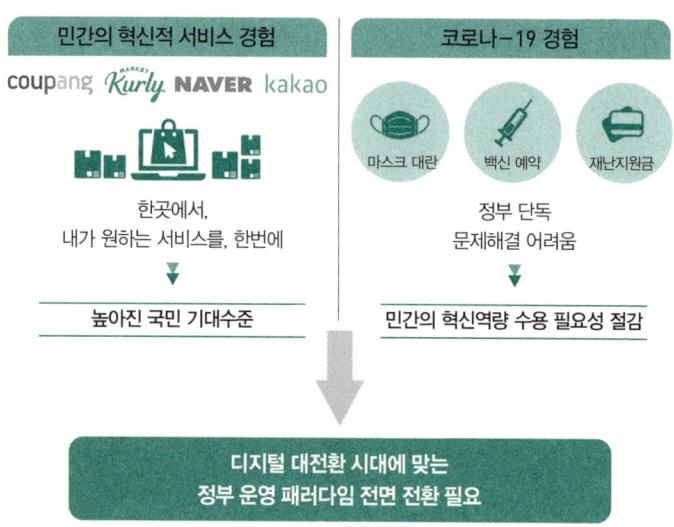

노력을 기울였습니다. 그 결과 세계적으로 인정받는 수준의 전자정부를 갖추게 되었고, OECD의 디지털정부 평가에서는 여전히 1위를 유지하고 있습니다. 그러나 UN의 평가에서는 순위가 내려간 상황입니다.

현재 우리나라 전자정부 시스템의 한계와 문제점들을 구체적으로 진단해보겠습니다. 가장 큰 문제는 각 부처와 기관마다 독립적으로 운영되는 시스템이 총 17,090개나 된다는 사실입니다. 이러한 독립된 시스템들로 인해 데이터가 고립되어 공유와 활용이 원활히 이루어지지 못합니다. 그 결과 데이터 개방과 공유의 장애물이 매우 높아졌습니다.

또한 데이터를 공유하고 공공 데이터를 개방할 수 있도록 하는 법적 기반이 미비합니다. 대부분의 기관은 목적 외 사용을 제한하는 기본법을 이유로 데이터 공유를 꺼리고 있으며, 예외 조항이 있음에도 불구하고 감사 등의 이유로 활용하지 않고 있습니다. 이로 인해 데이터 개방에 큰 장벽이 존재하며, 기술과 장비는 디지털화되었으나 행정 절차는 여전히 아날로그 방식이 남아 있습니다. 대표적인 사례로 110년 된 인감증명서 제도를 들 수 있습니다. 세계가 클라우드 중심으로 전환하는 가운데 우리나라는 여전히 개별적인 시스템 구축(SI 방식)에 의존하고 있어 기민하게 업그레이드가 어렵습니다.

이러한 현실을 극복하기 위한 가장 현실적이고 실질적인 대안이 바로 디지털플랫폼정부입니다. 디지털플랫폼정부는 정부 내 모든 데이터를 하나의 플랫폼으로 연결·융합하고, 민관협력을 통해 데이터를 자유롭게 공유·활용하며, 국민과 기업이 함께 참여하여 사회적 문제를 해결할 수 있도록 지원하는 새로운 정부 운영 패러다임입니다.

디지털플랫폼정부위원회의
공공 부문 AI 도입 전략

디지털플랫폼정부위원회는 공공 부문의 AI 도입 전략을 단기와 중기로 구분하여 추진하고 있습니다. 현재 정부는 초거대 AI 플랫폼을 중심으로 공공서비스의 혁신을 적극적으로 추진하고 있습니다. 단기적으로는 2023년과 2024년에 약 130억 원을 투입해 AI 활용에 대한 인식 개선과 개념검증POC 과제를 수행했습니다. 특히, 민간의 초거대 AI 플랫폼을 활용해 행정 공공기관과 중소기업들이 창의적이고 혁신적인 공공서비스를 발굴하도록 했습니다. 중기적으로는 민간에서 개발한 초거대 AI, 예컨대 챗GPT 수준의 AI를 정부가 도입하여 공무원들이 업무에 활용할 수 있도록 준비하고 있습니다.

디지털플랫폼정부위원회의 단기 AI 도입 전략

단기적으로 수행한 POC 사례를 구체적으로 살펴보겠습니다.

우선 민원상담사 지원 AI가 있습니다. AI 도입으로 민원인의 대기 시간이 약 14.5% 감소하고, 상담 내용 요약기록을 대신해줘 업무 생산성도 10% 이상 향상되었습니다.

의료자원 정보를 실시간 분석해 응급실 뺑뺑이 문제를 해소하는 데도 AI를 활용하려고 했으나, 의대 정원 문제로 일부 좌초된 바 있습니다.

인파 밀집 위험 지역에 대해 이동통신 기지국의 접속량을 AI로 분석하여 인파 밀집 사고를 사전 예측하고, 홍수와 같은 재난 발생 시 취약도로 침수를 사전 예측하여 내비게이션을 통해 운전자들에게 경보 및 우회 안내를 제공하고 있습니다.

교통안전 분야에서도 성과가 큽니다. 도시철도의 안전 관련 정보를 AI가 스마트폰을 통해 실시간으로 분석해 현장 근로자의 의사결정을 도와 위험 상황에 대응할 수 있도록 하고 있습니다.

AI를 활용한 근로감독 지원도 진행 중입니다. 현재 근로감독관 수가 3천여 명에 불과하지만 신고 사건은 연 40만 건, 감독 대상 사업장은 210만 개에 달합니다. 이를 해결하기 위해 초거대 AI를 도입하여 사건 처리 기간을 기존 25일에서 10일로 단축하고, 감독 사업장을 기존의 2만 8천 개에

초거대 AI 근로감독관 지원 시스템 구축

배경

근로감독 강화에도 불구하고 임금체불 등 불법·부당 관행이 지속되어 노동 약자에 피해 집중. 이런 관행의 원인은 근로감독관에 비해 사업장과 신고 사건이 많고 국민이 복잡한 노동법을 이해하기 어렵기 때문.

목표

생성형 AI를 활용하여 근로감독관이 신고 사건·근로감독을 신속·정확하게 처리할 수 있도록 지원하고 대국민 노동법 상담 서비스로 법 준수 역량 제고.
→ 노동법 준수 관행을 확립하고 노동 약자 보호 강화.

Before

근로감독관(3,058명)
신고 사건(연간 40만 건), 감독 대상 사업장(210만 개)에 비해 인력이 부족하여 신고 사건 처리 지연, 연간 2만 8천 개 사업장만 감독

미조직 근로자 등 노동 약자 (2,595만 명)
임금체불 등 피해 구제를 위해 인터넷 정보 검색, 근로감독관 문의에 장시간 소요, 노무사 상담 시 비용 발생(20분 2만 원)

사업주(210만 개 사업장)
노무관리 여력이 부족한 영세사업장은 수당, 연차 등 계산이 어려워 일단 위반하고 적발되면 시정

After

진술조서 자동 작성·분석, 판례·질의회시 등 자연어 검색, 수사보고서 첨삭 등 AI 서비스 활용
– 신고 사건 처리 신속화(25일→10일), 감독 사업장 확대(2만 8천 개→30만 개)를 통해 근로자 보호 강화

웹사이트·SNS상에서 노동법 상담 AI 서비스 활용
– 근로자가 신속하게 권리 구제를 받을 수 있도록 연간 8천만 건, 1.6조 원 가치의 정확한 법률 정보 제공
– 사업주가 법을 쉽게 준수할 수 있도록 지원하여 사업주 법 위반 건수 감소(19만 건→9만 건), 선제적으로 근로자 보호 강화

서 30만 개까지 확대하는 목표를 추진하고 있습니다.

또한 노동 약자들이 임금 체불 등의 문제로 상담을 받을 때 AI가 노무사를 대신해 즉시 대응할 수 있도록 준비하고 있으며, 특히 심사 업무에서도 AI가 법령, 심판 기록 등의 정보를 빠르게 제공하여 업무 효율성을 높이고 있습니다.

마지막으로, 중증장애인의 원활한 의사소통을 지원하기 위한 AI 기술 개발을 통해 장애인과 비장애인 간의 소통 장벽을 줄이는 데에도 노력하고 있습니다.

디지털플랫폼정부위원회의 중기 AI 도입 전략

다음으로, 정부의 중기 과제는 민간 기업에서 개발한 초거대 AI를 도입해 모든 공무원들이 쉽게 활용할 수 있게 하는 것을 목표로 진행됩니다.

그런데 AI를 정부 공공기관에서 공무원들이 실제로 활용할 때 큰 걸림돌이 있습니다. 바로 정부가 보유한 민감한 데이터가 외부로 유출될 수 있다는 위험성입니다. 하지만 만약 이 초거대 AI 시스템을 완전히 정부 내에 구축한다면 어떨까요? 이렇게 되면 AI 모델이 외부 데이터와의 연동 없이 그대로 방치되어 기술적으로 발전하지 못하게 되고, 결국 퇴화할 수밖에 없습니다. AI 모델을 최신 상태로 유지하기 위해서는 지속적인 재훈련과 업데이트가 필수적입니다.

이런 문제를 해결하기 위해 정부에서는 공공 클라우드 기반의 민관협력 인프라, 즉 '민관협력 클라우드 존'을 구축하고 있습니다. 현재 정부의 중요한 IT 시스템은 정보자원관리원이라는 공공 클라우드 데이터 센터에 모여 있습니다. 대덕과 광주에 센터가 운영 중이고 최근에는 대구에 신규 센터를 추가로 개소했습니다. 세종에는 재난복구DR센터가 위치해 있습니다.

새롭게 건설된 대구 센터에서는 민간 기업이 운영하는 클라우드 시스템과 초거대 AI 플랫폼을 설치할 수 있도록 별도의 전용 공간(상면)을 마련했습니다. 이를 통해 정부 데이터의 보안을 유지하면서도 민간의 혁신적인 AI 기술을 활용할 수 있는 '하이브리드 모델'을 실현한 것입니다.

공공 부문의 AI 활용 가이드라인

디지털플랫폼정부위원회에서 한 일 중 또 하나는, 공공 부문에서 초거대 AI를 도입하고 활용하기 위한 가이드라인을 마련하여 공개한 것입니다. 이 가이드라인은 매년 개정되며, 데이터 보안 및 분류 등급 결정, 네트워크 망 분리 여부, 데이터 학습 방식, 서비스 구현 방식 등 AI 도입에 필수적인 요소를 포괄적으로 다루고 있습니다.

가이드라인을 개발하기 위해 약 26건의 문헌과 145개의 국내외 사례를 면밀히 분석했습니다. 이를 토대로 공무원의 공통 업무와 특화 업무를 구분하고, 보안 등급에 따른 시스템 아키텍처 설계, 서비스 확장 가능성 등을 종합적으로 정리한 '서비스 분류 매트릭스'도 구축했습니다.

이를 통해 공공기관은 AI 도입 시 자신들의 업무 특성에 맞는 최적의 방향을 보다 쉽게 결정할 수 있습니다. 예를 들어, 행정 문서 검색이나 질의응답 시스템을 구축해 공무원들이 법령이나 이전 사례를 일일이 찾지 않아도 AI의 도움으로 업무 생산성을 크게 높일 수 있습니다.

또한, 회의자료나 정기간행물의 요약 업무를 AI가 대신함으로써 공무원들이 더욱 핵심적인 업무에 집중할 수 있게 되고, 각종 문서의 자동 작성과 같은 기획 업무에서도 AI의 지원을 받을 수 있게 되었습니다. 최근 서울시의 '한강 빛섬 축제' 포스터 제작과 같은 창작 업무에서도 AI가 뛰어난 성

초거대 AI 서비스 유형 분류 – 지자체 주요 부서별 업무 예시

교통정책과
- 불법 주정차 단속 ❻
- 도시철도 노선 관리 ❷
- 우대용 교통카드 발급 ❺

미래공간기획관
- 공간개조 정책 수립 ❸
- 노들섬 전시 공모 ❹
- 한강 수변 공간기획 ❸

도시경관담당관
- 야간경관 행사 기획 ❹
- 야간경관 모니터링 ❶
- 옥외광고물 재정비 ❷

아동담당관
- 결식아동 급식 지원 ❻
- 등하굣길 안전 홍보 ❹
- 아동복지 통계관리 ❶

일자리정책과
- 고용통계 분석 관리 ❷
- 일자리 박람회 개최 ❸
- 청년인턴 캠프 운영 ❹

복지정책과
- 맞춤형 급여 민원처리 ❺
- 의료급여 수급자 관리 ❷
- 호국보훈 행사 기획 ❹

소방행정과
- 소방행정 시설 관리 ❶
- 소방재난 가이드 발간 ❸
- 공유재산 모니터링 ❷

세무과
- 부동산 취득세 민원 ❺
- 지방세 신고 납부 ❻
- 고지서 관리 시스템 ❷

인사과
- 인사발령대장 관리 ❶
- 조직문화 혁신 수립 ❸
- 월별 인사위원회 운영 ❸

분류
- 유형 1 질의응답
- 유형 2 분석·활용
- 유형 3 문서 작성
- 유형 4 기획·창작
- 유형 5 상담 지원
- 유형 6 서비스 처리

과를 보여주고 있습니다. 관련 키워드인 '빛', '야간', '레트로', 'LED'를 입력하여 AI가 성공적으로 시각 자료를 만들어낸 사례도 있습니다.

지자체 대상 조사에 따르면 교통정책, 도시경관, 인사 등 다양한 행정 영역에서 AI 활용 가능성이 높게 평가되었습니다. 특히 질의응답, 데이터 분석, 문서 작성 업무에서 AI 도입에 대한 기대가 컸습니다.

이처럼 정부는 AI 도입을 통해 공무원의 업무 환경을 혁신하고 생산성을 향상시키기 위한 실질적인 노력을 지속적으로 추진해나갈 것입니다.

AI 기반 공공서비스 혁신의 세계적 추이

최근 공공 부문에서 AI 기반 혁신이 전 세계적인 관심을 받고 있습니다. 미국, 영국, 프랑스 등에서는 이미 공공서비스 현대화를 위한 적극적인 AI 전략을 추진 중입니다. 미국은 2024년에 바이든 대통령의 AI 관련 행정명령을 통해 연방기관 AI 이용 지침을 발표했습니다. 미국의 경우 대통령실 산하 예산관리국OMB이 직접 지침을 내리면, 각 부처가 명확한 일정과 목표를 제출하는 방식으로 빠르게 진행됩니다. 영국 역시 2024년에 정부를 위한 생성형 AI 프레임워크를 발표했고, 프랑스도 같은 해 AI 기반 공공서비스 현대화 계획을 공개했습니다.

우리나라는 해외 국가들보다 앞서 디지털플랫폼정부위원회를 설립했고, 2024년 9월에 공식적으로 국가 AI 전략 방향을 수립했습니다. 특히 정부는 2030년까지 공공 부문 AI 도입률을 95%까지 높이겠다는 목표를 설정하고 있습니다. 공공 부문의 생산성을 AI를 통해 향상시키고, 그로 인해 발생하는 여유 인력을 줄이는 것이 아니라, 오히려 대국민 서비스 분야에 재배치하여 국민에게 더 밀착된 서비스를 제공하겠다는 계획입니다.

하지만 이러한 공공 부문 디지털 전환을 총괄적으로 관리할 거버넌스가 필수적입니다. 현재 이 역할은 대통령 직속인 디지털플랫폼정부위원회가 맡고 있지만, 대통령령으로 만들어진 위원회의 수명은 해당 정부 임기에 한정되어 있기에 지속가능성에 대한 고민이 있습니다. 법정 위원회를 만들기 위한 디지털플랫폼정부특별법 마련에 어려움을 겪고 있는 상황에서, 앞으로 지속가능한 거버넌스 모델 구축이 중요한 과제로 남아 있습니다.

2024년 2월 저는 두바이에서 열린 '월드 거버넌스 서밋World Government Summit'에 초청받아 참석하게 되었습니다. 당시 아랍에미리트UAE는 이미 최신 AI 기술을 적극적으로 도입하고 있었는데, 마이크로소프트의 클라우드 플랫폼인 애저Azure 위에 오픈AI의 최신 GPT-4 모델을 라이선스 계약을 통해 도입하여 활용하고 있었습니다. UAE 정부는 약 560여 개의 공공서비스를 AI를 통해 통합적으로 제공하고 있었으며, 개인이 AI를 통해 공과금이나 범칙금 등의 정보를 실시간으로 확인할 수 있는 환경을 구축했습니다.

UAE는 오픈AI와 긴밀한 파트너십을 맺고 있으며, 최근 미국 스타게이트 프로젝트에 약 50억 달러를 투자할 정도로 AI에 대한 적극적이고 전략적인 투자를 진행 중입니다. 이에 비해 한국은 각 부처의 데이터 통합과 개방 문제로 인해 이러한 통합적이고 적극적인 디지털 전환을 추진하는 데 한계가 많은 상황입니다.

한국과 UAE의 디지털 전환 상황을 단순 비교하는 데는 한계가 있습니다. UAE의 경우 인구가 약 100여만 명(외국인을 포함하면 약 1천만 명)으로 상대적으로 적고 풍부한 재정을 갖추고 있기 때문에 디지털 전환 추진이 용이한 측면이 있습니다. 반면, 한국은 인구 규모나 정부 시스템의 복잡성 등이 훨씬 크다는 차이가 있습니다. 이러한 배경을 고려할 때, 우리나라가 진정한 의미의 데이터 센터를 구축하려면 장기적인 계획을 수립하여 정책적 연속성을 유지하는 것이 매우 중요합니다.

우리나라 정부의 정보자원 공공 클라우드 센터에 AI 시스템을 도입하는 과정은 매우 어려운 협상과 조정 과정을 거치고 있습니다. 특히 정부 데이터의 보안 관리는 국가정보원이 법적 권한과 책임을 가지고 엄격하게 수행하고 있기 때문입니다. 원래는 정부의 AI 영역을 민간 클라우드로 전면 이전하려는 목표를 가지고 있었지만, 보안 문제로 인해 공공 클라우드 내에 민관협력 존을 별도로 마련하는 방향으로 최종 합의되어가는 것 같습니다.

여기서 한 가지 짚고 넘어갈 점은 클라우드 센터와 데이터 센터가 명확히 다르다는 것입니다. 민간 기업들은 이미 많은 수의 데이터 센터를 보유하고 있으며, 네이버는 세종시에 대규모 클라우드 및 데이터 센터를 운영 중입니다.

이와 관련하여 덴마크 사례를 언급하겠습니다. 덴마크가

디지털 전환 분야에서 세계 1위를 차지할 수 있었던 중요한 이유는 국가의 모든 데이터를 한 곳의 데이터 센터에 집중적으로 보관하고 있기 때문입니다. 덴마크 국민들은 개인정보가 집중 보관되는 것에 대해 오히려 긍정적으로 생각하며 정부가 데이터를 활용하여 자신들에게 더 많은 서비스를 제공할 것이라고 기대합니다.

이는 덴마크와 같은 사회민주주의 국가에서 가능한 특수한 사례입니다. 반면, 한국은 법적·제도적 이유로 각 부처가 데이터의 소유권과 관리 권한을 개별적으로 보유하고 있어 데이터 통합이 매우 어렵습니다. 정부의 공공 클라우드 센터 역시 각 부처가 개별적으로 시스템을 관리하고 있으며, 단지 물리적 공간만 공유하는 형태로 운영됩니다. 또한, 덴마크에서는 정부와 민간 모두 종이 사용을 거의 없앤 지 이미 10년이 넘었다고 합니다. 프린터나 복사기 없이 스마트폰과 디지털 플랫폼으로 모든 업무를 처리하는 방식으로 효율성을 극대화하고 있습니다.

마지막으로 일본과 싱가포르 사례도 간단히 말씀드리겠습니다. 일본의 전 디지털청 장관인 고노 다로는 디지털 전환 업무에 1천여 명의 인력을 운영하고 있다고 밝혔습니다.

더 나아가 싱가포르는 디지털 전환 업무에 약 4천 명을 투입하여 집중적으로 관리하고 있습니다. 이는 단순히 국가 크기의 문제가 아니라, 정부가 디지털 전환에 얼마나 높은 우선순위를 두고 집중적인 투자를 하는지에 따라 달라지는 것입니다.

다만 싱가포르와 같은 강력한 중앙 집중적 시스템을 가진 국가에서도 부처 간 데이터 공유는 여전히 어려운 문제라고 합니다. 결국 한국 공공 부문이 효과적인 디지털 전환과 AI 시스템 구축을 이루기 위해서는 보다 적극적이고 지속 가능한 거버넌스 체계를 구축하고, 부처 간 협력을 강화하는 것이 무엇보다 중요합니다.

민관협력의 필요성

우리나라의 개인정보보호법은 세계적으로도 매우 엄격한 편에 속합니다. 그로 인해 정부나 공공기관에서 개인정보를 활용한 업무를 진행하는 경우 데이터를 외부로 반출하는 것이 사실상 불가능합니다. 따라서 공공 부문에서 AI를 활용하려면, 결국 각 기관 내부 시스템 내에서만 처리할 수밖에 없는 상황입니다.

반면 덴마크의 경우에는 국가 차원에서 데이터 웨어하우스를 구축하여, 정부 내 모든 기관이 필요한 데이터를 활용할 때 중앙 데이터 센터에서 허가받은 후 접근하여 작업을 하고, 작업 결과는 각 국민의 개별 계정으로 제공하는 시스템을 갖추고 있습니다. 즉, 데이터 활용이 철저히 중앙 집중적으로 관리되고 있어 마치 하나의 통합된 정부처럼 운영되는 셈입니다. 이러한 덴마크의 사례는 우리나라와는 제도적으로나 법적으로 큰 차이가 있습니다.

우리나라의 경우 앞서 언급한 민관협력 클라우드(PPP 존)에 초거대 AI를 구축한다면, 대부분의 정부 부처 시스템이 이미 공공 클라우드에 들어와 있는 상황이므로, 데이터를 외부로 유출하지 않고도 클라우드 내부에서 충분히 AI 기술을 활용한 작업이 가능할 것으로 보고 있습니다.

민간 기업에서 SNS 데이터와 같은 외부 정보를 AI 학습에 활용하는 사례가 있습니다. 이러한 방식 때문에 개인정보가 AI 답변에 반영될 가능성에 대한 우려가 있을 수 있습니다만, 대부분의 AI 개발 기업에서는 개인정보 보호와 같은 문제를 방지하기 위한 전담 기술팀과 레드팀Red Team을 운영하고 있습니다. 레드팀은 AI 시스템의 취약점을 찾기 위해 개인정보 유출이나 테러 기술 노출 등 다양한 공격을 시뮬레이션하며 철저하게 테스트하고 있습니다. 따라서 현재로서는 AI 시스템에서 개인정보가 유출될 가능성은 엄격히 관리되고 있다고 볼 수 있습니다.

한편, AI가 사회에 미칠 수 있는 부정적인 영향이나, 특히 테러리즘에 악용될 가능성을 오랜 기간 연구해온 기관이 있습니다. 미국의 랜드 연구소RAND Corporation가 대표적으로, 이곳에서는 화학무기, 핵 기술, 원자력 기술, 사이버 공격 분야에서의 AI 악용 가능성에 대해 집중적으로 연구하고 있으며, 꾸준히 경고 메시지를 전달하고 있습니다. AI의 사회적 위험성과 그 대응책에 대한 더욱 구체적인 정보를 얻고자 한다면 랜드 연구소의 자료들을 참조하시면 큰 도움이 될 것입니다.